ro
ro
ro

**Axel Hacke ist hinausgefahren nach Deutschland, hat sich hinwegbegeben von all dem Weltgebrumme, dem infernalischen Lärm der «Medien», dem Leben aus zweiter Hand. Er hat Leute besucht, sich ihren Alltag angesehen. Geschichten gesammelt, sich vom Zufall leiten lassen. Das ist ganz subjektiv, und doch steckt darin das Allgemeine. Das ganze Land.**

***«Hacke gelingen die wunderlichsten Einblicke in das, was dies Leben, bei aller Härte, letztlich doch ganz lebenswert macht.»***

**(Süddeutsche Zeitung)**

Axel Hacke wurde 1956 in Braunschweig geboren und lebt heute als Schriftsteller und Journalist in München. Von 1981 bis 2000 arbeitete er als Reporter und Streiflicht-Autor bei der Süddeutschen Zeitung, für deren Magazin er bis heute die Alltagskolumne «Das Beste aus meinem Leben» schreibt. Seine journalistische Arbeit wurde mit vielen Preisen ausgezeichnet: Joseph-Roth-Preis (1987), Egon-Erwin-Kisch-Preis (1987 und 1990) und Theodor-Wolff-Preis (1990). Hackes Bücher, zu denen mehrere Bestseller (Der kleine Erziehungsberater, Der kleine König Dezember) gehören, wurden in zahlreiche Sprachen übersetzt.

Axel Hacke

# DEUTSCHLANDALBUM

Rowohlt Taschenbuch Verlag

Veröffentlicht im Rowohlt Taschenbuch Verlag,
Reinbek bei Hamburg, Dezember 2005

Umschlaggestaltung any.way, Cathrin Günther
(Foto: Olaf Unverzart)
Satz Trinité und Thesis Sans (PostScript) QuarkXPress 4.1
bei KCS GmbH, Buchholz/Hamburg
Innentypografie Christine Wiesenbach/Daniel Sauthoff
Druck und Bindung Clausen & Bosse, Leck
Printed in Germany
ISBN 13: 978 3 499 24052 2
ISBN 10: 3 499 24052 1

# Inhalt

# Vorwort

Also, die Idee war, ein Album über Deutschland anzulegen, mit Fotos, kleinen und größeren Geschichten, manchmal vielleicht nur einem Satz oder einem Bild, dann wieder etwas Längerem – so etwa. Man tut das ja mit der Familie auch, fotografiert die Kinder und die Alten, schreibt ein bisschen was dazu …

Später schaut man alles an, lacht und staunt und ist gerührt und sagt: So war das. Hatte ich schon ganz vergessen.

Das fängt ganz harmlos an, und doch dient es der Antwort auf die Fragen: Was macht uns eigentlich aus?
Wie sind wir so geworden?
Und was verbindet uns?
Was ist trennend?

Vielleicht ist es ja mal ganz nützlich, das eigene Land wie eine Familie zu betrachten: Leute, in deren Mitte man hineingeboren wurde, obwohl man vielleicht lieber was anderes gehabt hätte. Menschen, mit denen man auf eine tiefere Art, als einem lieb ist, immer verbunden bleiben wird, vor denen man bisweilen flieht und deren Nähe man auch wieder sucht. Die man verstehen möchte, um sich selbst zu verstehen.

Ich dachte: Erstens fährst du dafür mal hinaus nach Deutschland, begibst dich weg von all dem Weltgebrumme, dem infernalischen Lärm der «Medien», dem Leben nur aus zweiter Hand. Besuchst Leute, siehst dir ihren Alltag an, sammelst Geschichten, dachte ich. Lässt dich vom Zufall leiten.

Du sagst: Mal sehen … Lässt dich treiben.

Das hast du ja immer schon gemacht, bist oft durch dieses Land gereist. Da ist dir einiges in Erinnerung geblieben, das schreibst du auf, gehört doch auch zu einem Album: Erinnerungen.

Und zweitens lässt du Deutschland zu dir kommen, also: wühlst dich durch Bilder aus Büchern, Zeitungen, Illustrierten und Archiven, durch Fotos, die ein Gefühl auslösen oder einen Gedanken und dann vielleicht sogar eine Geschichte, einen Text.

Du machst dich auf den Weg und stöberst, das ist ja überhaupt immer eine schöne Sache und ein Spaß: nicht suchen – stöbern. Macht doch jeder so: Setzt aus vielen Teilen das Bild seines Landes zusammen, immer wieder neu. Das ist ganz subjektiv, und doch steckt darin das Allgemeine. Das ganze Land.

Aber: Wir haben hier nichts Vollständiges. Alles ist ganz nach Gefühl gemacht. Nichts Systematisches. Bloß eben dieses Album über einen Ausflug in mein Land – mehr nicht.

Na ja, und auch nicht weniger.

# Ich bin Deutscher

Als ich geboren wurde, war der Krieg gerade elf Jahre vorbei. Man sah seine Folgen noch überall.

Ich fing Frösche in kreisrunden Teichen im Wald. Diese Teiche waren von britischen Bombern angelegt worden. Sie waren trichterförmig. Über dem Wald hatten die Bomber jene Last abgeworfen, die sie über der Stadt nicht losgeworden waren und nicht wieder mit zurücknehmen wollten. So erzählte man es mir.

Ich spielte mit Kindern, die mit ihren Eltern in engen Baracken auf der anderen Straßenseite wohnten, ein ganzes Lager für Vertriebene und Spätaussiedler.

Oft war samstagmittags um zwölf Probealarm der Sirenen; sie heulten pünktlich, und ich lernte den Unterschied von «Fliegeralarm» und «Entwarnung». Wofür, fragte ich mich, musste ich das wissen? Weil auch ich vielleicht einen Krieg erleben würde?

Abends erzählten die Eltern immer wieder mal von Ausgebombtsein und Gefangenschaft. Und der Onkel, der noch zu jung gewesen war, um Soldat zu werden, der nur noch zum «Arbeitsdienst» einberufen worden war, dieser Onkel, der vielleicht deshalb der Heiterste und Unbeschwerteste der ganzen Familie war, dieser Onkel also berichtete, wie nach einem Bombenangriff einmal ein Pferd tot auf der Straße lag, wie der Metzger kam und ihm den Kopf abschnitt, es auf der Straße zerlegte und das Fleisch im hohen Bogen auf seinen Wagen warf.

Ich hatte, wie viele, einen Vater, der kriegsverletzt war. Und ich lernte, dass mein Vater noch einen Bruder gehabt hatte, der war

Bäckergeselle gewesen und dann Soldat. Er starb in einem Krankenhaus unserer Heimatstadt, war zurückgekehrt aus der Gefangenschaft und hatte nicht mehr richtig essen können, «alles gab er wieder von sich», wie es immer hieß. Onkel Hans. Er lebte als Bild an der Wand in unserer Familie weiter, und er existierte fort in der absurden Angst meiner Großmutter, ich, der älteste Enkel, könnte auch irgendwie verhungern. Immer musste ich essen, wenn ich sie besuchte. Auch wenn ich gerade vom Essen kam, musste ich bei ihr noch einmal essen, sie zwang mich regelrecht dazu. Widersetzte ich mich, war sie richtig verstört.

Ich erfuhr in der Schule, dass in Deutschland die Juden verfolgt und ermordet worden waren, und dass der ganze Krieg von Deutschland ausgegangen war, der zweite nun schon in wenigen Jahrzehnten. Juden selbst begegnete ich erst als Erwachsener. Zu Hause beklagte sich mein Vater manchmal über «diese jüdische Hast», wenn ihm etwas zu schnell ging. Als wäre nichts geschehen. Als könne man das Wort «jüdisch» noch einfach so benutzen.

Ich lernte, meinem Land zu misstrauen. Nie wich dieses Gefühl, die eigenen Eltern seien an all diesen Verbrechen irgendwie beteiligt gewesen. Nie konnten sie sich ganz erklären. Nie verstand ich sie wirklich.

Ich suchte nicht nach dem, was mich mit ihnen und mit meinem Land verband. Ich suchte das Trennende. Ich wurde Deutscher, aber ich wurde es nicht gern. Franzose zu sein wäre mir lieber gewesen.

Jene Zuneigung, die andere anderswo für ihr Land empfinden, jene Geborgenheit und Nähe und das unwillkürliche Zugehörigkeitsgefühl, das anderen anderswo ihr Land gibt – es war schwer, das in Deutschland zu spüren. Nein: Es war unmöglich.

Die Folgen merkt man heute noch.

«Deutsch», dieses Wort hat keinen guten Klang.

Als wir für dieses Buch nach Fotos über «Deutschland» suchten, als wir viele Fotografen baten, Bilder zu schicken, die sie mit dem Wort «Deutschland» verbanden – es kam fast nichts Schönes. Nur die ewigen Stereotypen: Gartenzwerge, Schilderwälder, hässliche Wohnzimmer, stereotype Reihenhaussiedlungen …

«Deutsch» – man kann das Wort abwertend benutzen. Vor einer Weile stand ich in einem der schwedischen Möbelhäuser, in denen sich halb Deutschland einrichtet. Ich wartete in einer Schlange an der Kasse. An allen Kassen standen solche Schlangen, nebeneinander. Plötzlich wechselte die Frau vor mir die Schlange; sie ging mit zwei Schritten nach nebenan, wo ihr Mann anstand: Sie hatten sich getrennt angestellt und gewartet, wo es schneller gehen würde. (Seltsam: Dass die Deutschen oft so eine Angst haben um ihren Platz in der Welt, dass sie immer fürchten, man wolle ihnen etwas nehmen. Es sind ja auch die Deutschen, die an den Swimmingpools der Welt ihre Liegen mit Handtüchern reservieren, vor dem Frühstück.)

«Das ist so deutsch», zischte jemand hinter mir, als er die Frau plötzlich in der Schlange nebenan sah, nicht mehr vor uns. Er meinte es nicht gut.

Es sind immer die Deutschen, die verächtlich sagen, etwas sei «deutsch», «sooooo deutsch» oder «sehr deutsch». Es ist nämlich sehr deutsch, das Deutsche zu verachten. Immer stehen die Deutschen ein bisschen neben sich und urteilen und mögen dies nicht und jenes auch nicht.

Vor einer Weile beschimpfte der italienische Staatssekretär Stefani (kurioserweise war er für Tourismus zuständig) die Deutschen als ein Volk von «Superblonden», das sich seine Freizeit am liebsten mit «Rülpsgelagen» vertreibe. Die Sache führte in Deutschland bekanntlich zu einiger Aufregung, das ganze Land war schwer beleidigt – zumal kurz zuvor der italienische Ministerpräsident einen deutschen Europa-Abgeordneten mit einem SS-Kapo verglichen hatte. Schließlich sagte der Bundeskanzler seinen Sommerurlaub in Italien ab, und Stefani trat zurück.

Bemerkenswert ist, wie die Deutschen auf diesen verrückten Staatssekretär reagierten. Als ich mich unter Freunden umhörte, war die Reaktion immer in zwei Punkte gegliedert. Erstens: Dieser Mann gehört aus der Regierung entfernt, es ist gut, dass der Kanzler daheim bleibt, «irgendwo ist eine Grenze». Zweitens: Er hat Recht, «mal unter uns gesagt», dieser Staatssekretär, die Deutschen benehmen sich im Ausland ja wirklich unmöglich, «schau sie dir an, in Rimini oder wo, diese Horden».

So ist der Deutsche: stets auf Seiten des eigenen Volkes und gleichzeitig dagegen. Alles, was er für «deutsch» hält, mag er nicht. Deutscher bleibt er natürlich trotzdem.

Was ist deutsch? An dieser Frage können sich Akademien übers Wochenende zergrübeln – und ich verstehe das auch. Warum fragt man immerzu: Was ist deutsch? Weil man es nicht weiß! Die Frage ist nicht erst für uns aktuell, sie ist es seit Jahrhunderten, musste es immer sein für Bayern, Sachsen, Preußen und Westfalen, die nach etwas Gemeinsamem suchten und suchen, das es rechtfertigte, sie in einem Staat zusammenzufassen.

Es gibt ja kaum ein Volk, das so ängstlich-aufmerksam darauf hört, was die anderen denken. Das so gern betrachtet, analysiert, gelobt werden möchte. Und das auch so leicht die Urteile anderer über sich übernimmt.

Ich glaube wirklich, dass viele Deutsche sich selbst für ein wenig humorlos halten, weil zum Beispiel die Engländer gern behaupten, die Deutschen seien humorlos – dabei zeige uns einmal einer ein paar Dichter und Zeichner auf der Welt, die komischer schreiben und komischer zeichnen als Loriot, Gernhardt, Waechter, Bernstein und ihre Schüler!

Ich glaube auch, die Deutschen halten sich selbst für besonders ehrlich und anständig, weil ihnen von den Italienern so oft gesagt wird, sie seien ehrlich und immer anständig – dabei zeige uns mal einer herrlichere Korruptionsfälle als den Flick-Skandal, die bayerischen Amigo-Affären, die Kölner Müllprozesse ...!

Und wenn die Franzosen sagen, die Deutschen seien immer noch besonders anfällig für Antisemitismus, dann halten sich auch die Deutschen selbst für sehr antisemitismusgefährdet – dabei könnte man darauf verweisen, dass ein Drittel der Franzosen den Antisemiten Le Pen am liebsten als Staatspräsidenten gehabt hätten, dass aber bei uns der Abgeordnete Hohmann und der General Günzel sehr schnell aus ihren Ämtern entfernt wurden.

Wenn Deutschland ein Mensch wäre, würde man sagen: Was ist eigentlich mit seinem Selbstwertgefühl? Hätte man nicht über diesen Staatssekretär auch einfach lachen können? Hätte man nicht ganz gelassen fragen können: Hey, was ist das für ein seltsamer Idiot? Hoffentlich liegt er am Strand nie neben mir …

Nein, gelassen – das geht nicht. Wenn unser liebes Deutschland ein Mensch wäre, würde man sagen: Daran muss er noch arbeiten.

Auf der anderen Seite: Es hat den Deutschen ja gereicht, das ihr Kanzler nicht nach Italien gefahren ist in jenem Sommer. Von privater Seite ist mir kein Fall von Umbuchung bekannt geworden. Und der Kanzler hatte angeblich sowieso in Hannover bleiben wollen und nur nach einem Vorwand gesucht. So sind wir dann auch wieder. Sehr pragmatisch hinter dem Grundsätzlichen. Wenn man so will, dann ist das doch: gelassen.

Herrje, das ist alles nicht besonders interessant, was? Wirklich interessant finde ich an den Deutschen nur das Gespaltene, Zerrissene. Dass dieses Land einerseits immer ein normales Land sein soll wie alle anderen, dass es das aber nun mal nicht ist, mit seiner Geschichte. Dass es so lange geteilt war und nun wieder langsam zusammenfindet. Dass es sich selbst manchmal so fremd ist.

Ich bin Deutscher. Das habe ich mit 82 Millionen Menschen gemeinsam.

Es ist bloß … Das Gemeinsame interessiert mich persönlich nicht besonders, nirgends. An den Menschen ist doch nur das Besondere von Bedeutung, das Gemeinsame verströmt immer eine Langeweile, etwas Nivellierendes, Gleichmachendes, Einebnendes. Wenn einer auf Reisen war, in Asien, Amerika oder sonst wo in der Welt, und er kommt zurück und erzählt mir von «den Asiaten» oder «den Amerikanern», ach bitte, da steigt in mir ein Gähnen auf.

Wenn er aber sagt: Weißt du, da habe ich einen getroffen, der war Japaner, und von dem muss ich dir eine Geschichte erzählen …

Schon beuge ich mich vor und lausche.

Von dem Schauspieler Walter Schmidinger, einem Österreicher, habe ich mal ein Interview gelesen, in dem er auf die Frage antwortete, was er als sein größtes Talent empfinde. Schmidinger sagte: «Mein größtes Talent ist es, bewundern zu können. Ich bewundere an Menschen ihre Liebesfähigkeit, ihre Einsamkeit, ihre Verzweiflung und Not, ihre Hoffnungen, ihren Irrsinn. Ich bewundere, wie jeder Mensch in seinem Leben, in seinem Beruf besteht, wie er das aushält, was er bewerkstelligt, was er macht, was er wünscht und was ihm nicht gelingt. Ich bewundere das. Restlos.»

Ist das nicht ein hinreißender Satz?

Aber was hat er mit Deutschland zu tun?

Es ist so: Ich bin Deutscher seit 48 Jahren, ich habe fast immer unter Deutschen gelebt, es gibt keine Sprache, die ich besser spräche. Es gibt hier die Berge und das Meer, es gibt die Heide und das Moor, es gibt Seen und Flüsse, und es gibt Landschaften, von denen ich ohne zu zögern sagen würde, dass ich sie liebe. Es gibt hier eine Sprache, die mich entzückt und deren Variationsfähigkeit in sehr vielen Dialekten ... Ach, das ist einfach wunderbar! Bitte, wenn wir uns zum Beispiel über die Präpositionen im Bayerischen unterhalten würden, über den Gebrauch so wunderbarer kleiner Wörter wie auffe, umme, obe, hintre und füre ... Ich mag das, endlos. Und ich mag den Sound des Deutschen, in Gedichten von Rilke oder meinetwegen auch Freiligrath, bitte, sehen Sie selbst nach, auf Seite 169 dieses Buchs.

Aber das ist es nicht. Worauf es wirklich ankommt, ist etwas anderes: Nirgends kann ich die Liebesfähigkeit der Menschen, ihre Einsamkeit, ihre Verzweiflung und Not, ihre Hoffnungen und ihren Irrsinn besser verstehen, ihre Voraussetzungen besser nachvollziehen, ihre Bedingungen besser einordnen, ihre Konsequenzen besser absehen als in Deutschland. Nirgends kann ich besser nachfühlen, was einen Menschen treibt in dieser Welt, was ihn bedroht und was er liebt, was ihn oberflächlich werden lässt und was ihn in der Tiefe bewegt, was seine Seele öffnet und was sie verschließt.

Ich wünschte, ich könnte das auch in Italien oder Frankreich oder Amerika. Aber eigentlich kann ich es nur in Deutschland. Das Gemeinsame ist sozusagen die Voraussetzung, um das Besondere wirklich zu verstehen.

Darauf kommt es mir an, wenn ich sage, dass ich Deutscher bin.

ERHARD

## Die zwei

Also, diese beiden mag ich wirklich gern.

Der da, der ein bisschen dicker ist und eine Brille trägt, heißt Werner Blesing. Er ist Witwer, eine Tochter hat er, die ist 34. Er selbst ist 55, war mal Stahlformbauer bei der Firma Nixdorf, Gewerkschafter übrigens. Eines Tages gab es die Firma Nixdorf nicht mehr, aber Werner Blesing gab es immer noch. Er schulte auf Altenpfleger um, da war er schon 43, arbeitete zum Beispiel im Jüdischen Krankenhaus in Berlin – bis er wieder arbeitslos wurde.

Und nun, was macht er nun? Moment, das kommt gleich.

Der andere heißt Peter Menasse. Der ist 41, seine Frau leidet an Asthma, und sein Sohn ist 19, Metzger von Beruf. «Wir ham imma jesacht, der muss wat ham, wo er umsonst essen kann auf Arbeit. Und wo er im Trockenen is' und im Warmen», sagt Menasse. 19 Jahre lang war er Möbelpacker, «Nena, Hallervorden, Jack White – die ha'ck alle umjezohng». Dann wurde er entlassen, «weil ick in die Gewerkschaft einjetreten bin». Das war nicht der offizielle Entlassungsgrund. Aber der wirkliche. Jedenfalls war Menasse arbeitslos.

Und was macht er heute? Das kommt jetzt.

Blesing und Menasse arbeiten als «Kiezläufer» in dem Viertel, in dem sie wohnen: Berlin-Wedding, rund um die Soldiner Straße herum. Früher war der Wedding ein Arbeiterbezirk, «Roter Wedding grüßt Euch, Genossen, haltet die Fäuste bereit», hieß es in einem Kampflied von Hanns Eisler und Erich Weinert. Das ist vorbei, es ist nun ein Arbeitslosenbezirk. Um die Soldiner Straße herum leben 15400 Menschen. Der Prozentsatz der Sozialhilfeempfänger liegt bei 22, die Arbeitslosenrate bei 23, in der türkischen Bevölkerung sogar bei 47.

41 Prozent sind Ausländer, 85 Prozent der Schulkinder sprechen nicht Deutsch als Muttersprache.

Damit ist einiges gesagt. Aber nicht alles.

Was sind denn nun «Kiezläufer»?

Das ist so: Im Viertel gibt es ein «Quartiersmanagement», wie in 16 anderen Berliner Problemvierteln auch. Das soll dafür sorgen, dass die Gegend nicht verkommt, dass es Spielplätze gibt, Straßenfeste, Ferienangebote für Kinder, Schlichtung bei Nachbarschaftsstreitigkeiten, dass die Gegend nicht verwahrlost und den Menschen ein Gefühl gegeben wird, dass sie fürs Viertel verantwortlich sind. Bei diesem Quartiersmanagement, finanziert aus öffentlichen Mitteln, sind Blesing und Menasse angestellt. Tag für Tag marschieren sie herum, 25 Kilometer jedes Mal. Sie sollen herstellen, was in bürgerlicheren Gegenden von selbst existiert: nachbarschaftliche Kontrolle. Wenn in Wilmersdorf oder in Spandau jemand seinen Müll oder seine alten Möbel in den Hof oder auf die Straße stellt, wird sich ein Nachbar melden und fragen, ob das sein müsse. Im Soldiner Kiez wäre es den Leuten wurscht. Jedenfalls würden sie nichts sagen.

Aber nun gibt es Blesing und Menasse. Die streifen durch die Gegend, und wenn sie einen Schrank oder vier Stühle oder ein paar alte Reifen oder eine Mülltüte herumstehen sehen, dann sagen sie erstens der Müllabfuhr Bescheid, und zweitens versuchen sie herauszubekommen, wer den Müll da hingestellt hat. Meistens gelingt ihnen das, sie reden mit den Leuten, dann kommt das nicht mehr vor. Meistens. Auch dem Phänomen des «Wanderschranks» sei Einhalt geboten geworden, sagen sie. Ein Wanderschrank ist ein Schrank, den jemand aus dem dritten Rückgebäude in den dritten Hinterhof stellt, weil er ihn nicht mehr haben will. Jemand aus dem zweiten Rückgebäude stellt fest, er könne ihn gut gebrauchen, tauscht ihn gegen den eigenen alten Schrank aus und stellt diesen hinaus – in den zweiten Hinterhof. Dann sieht jemand aus dem ersten Rückgebäude den Schrank, stellt fest … Und so weiter. Am Ende steht ein Schrank auf der Straße, aber ein anderer als der aus dem dritten Hinterhof.

«Wir sind so 'ne Art Hausmeister für den Kiez», sagt Blesing. «Hausmeister in den Häusern gibt es ja nicht mehr, alle ersetzt durch private Firmen. Wir sorgen dafür, dass det janze Bild hier schöner wird.»

Blesing und Menasse kümmern sich nicht nur um den Müll, sie kümmern sich um die Leute. Sie stehen morgens zwischen sieben und acht auf der Fußgängerbrücke, die über das Flüsschen Panke führt und passen auf die Kinder auf, die zur Schule gehen. Sie kümmern sich darum, dass die Autowracks verschwinden, die hinter der Schule standen und öfters brannten. Sie reden mit der alten Frau, die sich über die Ausländer beschwert und wegziehen will, und überzeugen sie zu bleiben. Sie machen den Nikolaus im Kindergarten. Sie treiben in den Geschäften Spenden ein, die beim Straßenfest verlost werden, sei es ein kostenloser Haarschnitt beim Friseur, sei es selbst ein Gratisreißverschluss von der Änderungsschneiderei – das sind hier die Dimensionen. Sie kümmern sich darum, dass der türkische Malergeselle, der arbeitslos ist, weil sein Chef sich aufgehängt hat, wieder eine Stelle bekommt. Sie sorgen dafür, dass der Junge, der so phantastisch Fußball spielt, in einen Verein kommt und dass ein Sozialfonds ihm Fußballschuhe beschafft.

«Wir kümmern uns um allet, wat den kleen' Mann interessiert», sagt Menasse. Was das ist, wissen sie genau, sind ja selbst kleine Männer. Jeder von ihnen verdient 1636 Euro brutto im Monat, macht netto 1100. Menasses Miete liegt bei 575 Euro. «Wenn ich Sozialhilfe beantragen würde, hätte ich gerade 150 Euro weniger.» Er beantragt aber keine Sozialhilfe. Er will arbeiten. Er sagt: «Das wird den Leuten heute nicht mehr beigebracht: Du musst arbeiten, damit du ein guter Bürger bist. Heute geht es darum: Wie bescheiße ich den Staat? Ich habe immer ehrliche Arbeit geleistet. Aber geht es voran mit mir? Nein. Na gut, rückwärts geht es auch nicht. Aber wenn ich sehe, dass diese Bastarde sich die Sozialhilfeleistungen holen und dicke Autos fahren und dreimal im Jahr in Urlaub gehen ...»

So denkt Menasse. So denkt auch Blesing. Zusammen wandern sie durch die Straßen, zusammen genießen sie ihre Arbeit. Denn das tun sie! Man hat das Gefühl: Hier haben zwei ihre Traumrolle gefunden. Für Ordnung sorgen. Mit den Leuten reden. Anerkannt sein, wahrgenommen werden mit dem, was man tut. «Man muss den Leuten ein Selbstwertgefühl geben, das Gefühl: Du bist auch wer», sagt Menasse. Er spricht dabei über die Leute im Kiez, aber irgendwie auch über sich selbst. «Dass eine alte Frau nach zwei Wochen zufällig tot in ihrer Wohnung gefunden wird – det ham wa uns jeschwor'n, kommt bei uns nich' vor.»

Blesing und Menasse haben sich kleine Dienstausweise gebastelt, auch eine Art Uniform.

«Man braucht sich doch nicht zu schämen, deutsch zu sein, ein Deutscher zu sein», sagt Menasse.

Und was heißt das für ihn: deutsch?

«Pflichtbewusstsein. Und dass ich meine Sache, die ich mache, auch vertrete. Pünktlichkeit.»

«Ehrlichkeit», sagt Blesing. «Willy Brandt, der hat das vorgelebt.»

«Jetzt haben wir Dieter Bohlen», sagt Menasse, «der ist Geschäftsmann, jetzt wollen alle Superstar werden. Alle haben nur Dollarzeichen in den Augen. Und wie sie die Jugend blenden!»

«So 'n Wowereit, der soll sich doch mal hinstellen», sagt Blesing. «Der kann ja seine Partys feiern in New York. Aber der soll sich doch hinstellen und sagen: Was gestern war, war gestern – jetzt packen wir an.»

Blesing ist hier aufgewachsen, Menasse wohnt seit 18 Jahren in der Gegend. Unten an der Panke, da lebt einer, ein Penner, Norbert Otto heißt er, den kennen sie schon lange. Wenn sie irgendwo eine leere Holzpalette stehen sehen, sagen sie ihm Bescheid, dass er sie holt, man kriegt ja zehn Euro dafür. Aber Norbert Otto sagt: «Nee, ick mach nich' in Holz, weeßte doch, nur Metall.» Und geht weiter, die Straßen nach Alteisen durchkämmend.

«Der hat sein' Platz an der Panke, abends macht er den mit 'ner Harke sauber», sagt Blesing. «Und da will mir einer sagen, dass so 'n Mensch keine Etikette hat. Soll der nicht im Freien sein Bier trinken? Wollen wir das auch verbieten?»

Sie kennen jeden hier. Wenn sie vormittags ein Kind auf der Straße sehen, gehen sie zu den Eltern und reden mit denen. Blesing sagt: «Und früher haben die Kinder mit Multivitaminsaftflaschen Fußball

SPIELSALO
REINIGUNG
NOKIA
SIEMENS
AEG
BOSCH
PHILIPS
HINZ
nah & fern
493 30 03
ERÖFFNUNGSPARTY
NACH KOMPLETTUMBAU
FR. 29. & SA. 30. AUGUST 03
AB 22.00 UHR
CHARTS, R'N'B, HOUSE & 80'S
LIGHTHOUSE
AMRUMER STR. 31
13353 BERLIN

gespielt, da war nachher alles voller Scherben. Da haben wir die Bengels die Straße fegen lassen. Die ham fünf Tage nich' mit uns jeredet, dann war et jut.» Er fügt hinzu: «Du predigst Anstand. Und dann sehen die Kinder, dass die mit den Goldkettchen viel weiter sind. Die machen in Drogen, haben Geld, fahren große Autos. Und vor denen hat selbst die Polizei Respekt, die kommen gleich mit fünf Rechtsanwälten.»

Die Kinder. Manchmal sieht man welche mit «hungrigen Augen», sagen die beiden, und dann solche, die mit einer Schale Pommes frites durch die Straßen gehen, «da weeßte denn schon, dass die Eltern ihn rausjeschickt ham, weil se die 15. Wiederholung von *Vera am Mittag* in Ruhe sehen wollten». Einen Kleinen gibt es, der wälzt sich manchmal im Park einfach so im Dreck, damit die Eltern ihn überhaupt mal beachten. «Und ick schicke doch nich' nachts um drei ein sechsjähriget Kind mit 'nem Rottweiler auf die Straße – nur weil ick selbst keene Lust habe zu gehen. Det machen hier aba Leute.»

Pause. Dann: «Und det tut mir weh, wenn ick det sehe.»

So redet Menasse. Und Blesing nickt.

Und deswegen mag ich die beiden.

# Malaschewski

Das ist nun so ein deutsches Leben.

Siegfried Malaschewski stammt aus Ostpreußen. Wann er geboren wurde, weiß er nicht, es muss 1940 oder 1941 gewesen sein, wahrscheinlich 1940. Es gibt keine Unterlagen darüber, alles Schriftliche verbrannte im Krieg. Malaschewskis Mutter starb bei der Geburt. Der Vater war im Krieg, dann in Gefangenschaft; er fand Siegfried und dessen Bruder erst 27 Jahre später wieder, da lebte er in der Nähe von Wismar und hatte eine andere Frau geheiratet. «Ein fremder Mann», sagt Malaschewski. Aber als die Söhne – Siegfried und sein Bruder – ihm gegenüberstanden, sagte er sofort: «Jungs, ihr seid es.» Jahre zuvor hatte man ihm mitgeteilt, sie seien an Typhus gestorben. Dabei war nur die Schwester tot.

Malaschewski musste 1942 oder 1943 mit seinem Bruder, der vier oder fünf Jahre älter war, und der Schwester, die zwei oder drei Jahre vor ihm zur Welt kam, aus Ostpreußen fliehen, von einer Nachbarin in einen Viehwaggon gesetzt, später ging es zu Fuß weiter – drei kleine Kinder im großen Flüchtlingstreck, der nach Westen zog, «immer gingen wir da entlang, wo Kinder waren, es waren ja überall Kinder, Tausende von Kindern». Malaschewski hatte ein Köfferchen mit Habseligkeiten, das war mit einem Bindfaden am Handgelenk befestigt. Ein russischer Soldat schnitt den Faden durch, weil er das Köfferchen wollte. Dann wurde Malaschewski auch von seinen Geschwistern getrennt. Der Bruder rief ihm noch zu, er solle sich merken, dass er Siegfried heiße und Malaschewski. Und dass er evangelisch sei.

«So hat eben das Leben für mich diesen Verlauf genommen», sagt Siegfried Malaschewski.

Nun sitzen wir bei ihm im Garten. Seine Frau macht ein Glas mit selbst gemachter Sülze auf, kocht Kartoffeln. Wir essen, gehen dann in den lang gestreckten Garten und sehen uns das Gemüse an, das die Malaschewskis anbauen, das kleine Schwimmbecken, das sie selbst angelegt haben, die Sauna im Gartenhaus, die sie vor Jahren selbst bauten. Dann fahren wir zum Grenzdenkmal, das ist nicht weit, nur ein paar hundert Meter, aber wir fahren trotzdem mit dem Auto. Malaschewski hat Wasser in den Beinen, er war jetzt lange krank und ist es noch, so schwere Medikamente musste man ihm geben, dass nun die Leber vergiftet ist. Sechs Wochen war er im Krankenhaus, und Montag muss er noch mal hin.

Das Grenzdenkmal. Das ist nun folgende Geschichte.

Siegfried Malaschewski ist in Heimen aufgewachsen, alle in der DDR, zwölf oder dreizehn verschiedene waren es, keine schöne Zeit. Es gab oft Prügel, der Erzieher schnallte sich dafür den Gürtel ab. Später zog Malaschewski zu Pflegeeltern nach Hötensleben. Das ist ein Dorf in Sachsen-Anhalt, aber damals lag es in der DDR, und zwar direkt an der Grenze zu Niedersachsen. Man sieht von hier aus das Städtchen Schöningen im Westen, und den Harz sieht man auch in der Ferne, der war geteilt wie das ganze Land.

Malaschewskis Pflegeeltern waren in der Landwirtschaft tätig – so nun auch der junge Siegfried. Morgens um drei stand er auf, half beim Anspannen der Pferde und der Rapsernte. Dann ging es in die Schule, nach der Schule wieder auf den Acker. Wenn nach den Ferien alle einen Aufsatz über ihr schönstes Ferienerlebnis verfassen mussten, schrieb er, was er im Vorjahr schon geschrieben hatte. Er hatte keine Ferien, die Erlebnisse waren immer gleich.

Er wurde Schlosser und arbeitete im Armaturenwerk Hötensleben. Seine Frau war Friseuse, sie ging dann aber auch ins Werk, arbeitete im Dreischichtsystem und verdiente mehr, eine Woche Frühschicht, eine Spätschicht, eine nachts. Sie kauften ein Haus in Hötensleben, ein Moped, ein Auto. Sie bekamen Kinder.

Dieses Hötensleben war nach dem Krieg ein anderer Ort als heute, nicht so weltab und verschlafen, sondern ein Zentrum der Grenzgängerei von Ost nach West und West nach Ost, zuerst über die Brücke, die das Flüsschen Aue überquert, dann an flachen Stellen direkt durch den Fluss, auch durch die Schächte des nahen Braunkohleabbaugebiets. Als die Grenze noch offen war, befand sich in Hötensleben die Haltestelle einer Kleinbahn, welche die Grenze passierte – «Heringsbahn» nannte man sie, weil sie jeden Tag voll gepackt war mit Menschen, die von der Nordsee kamen und in Eimern, Rucksäcken, Taschen, Tornistern Heringe in den Osten brachten, um sie zu verkaufen. Überall tropfte die Heringslake, stand in Pfützen. Überall stank es nach Fisch.

Viele Hötenslebener pendelten zur Arbeit in den Westen, aber damit war es 1952 vorbei, die Grenze wurde geschlossen, schon bald ein «Todesstreifen» angelegt, und jeder, der ihn betrat, wurde erschossen. Immer höher wurden die Zäune, immer besser gesichert die Befestigungsanlagen. 1974 schaffte es der letzte Flüchtling, sie zu überwinden, «danach», sagt Siegfried Malaschewski, «wäre es Selbstmord gewesen».

Und er? Und seine Frau? Warum sind sie nicht in den Westen …?

«Unten an der Aue habe ich immer Gras gemäht», sagt Siegfried Malaschewski. «Ich hätte den Mäher nur stehen lassen müssen und durch die Aue waten … Aber ich hatte nicht die Traute. Ich war als Vollwaise durch die Lande gezogen. Ich war froh, dass ich Pflegeeltern gefunden hatte. Dass es zu essen und zu trinken gab.»

«Ich hatte nur eine Tante im Westen», sagt Frau Malaschewski. «Die war verwitwet und hatte sechs Kinder – was sollte ich da?»

Je schärfer die Grenze gesichert wurde, desto mehr wurde Hötensleben von der restlichen DDR abgeschnitten. Fünf Kilometer vor dem Ort war der erste Kontrollpunkt, fünfhundert Meter davor der nächste. Für den ersten Posten benötigte man einen grünen Passierschein, für den zweiten einen roten; Malaschewski hat einen aufgehoben, ganz vergilbt ist er, kaum noch rot. Das galt aber nur für Besucher. Die Hötenslebener selbst hatten Stempel im Ausweis, quartalsweise zu erneuern im Rathaus.

Dort gab es auch die Passierscheine. Oder eben nicht. Wenn die Malaschewskis Leute einladen wollten, mussten sie sechs Wochen vorher Scheine beantragen. Manchmal kamen die Scheine. Manchmal nicht.

«Es ist nichts da für Sie!», knurrte dann der Mann im Rathaus.

«Und warum nicht?»

«Wir sind Ihnen keine Rechenschaft schuldig.»

Dann ging man besser. Aber natürlich brachten die Malaschewskis den Besuch trotzdem ins Dorf. Schmuggelten ihn irgendwie an den Posten vorbei. Das war möglich, manchmal jedenfalls. Das fremde Auto musste in der Garage versteckt werden, und man musste auf der Hut sein vor den Volkspolizeihelfern, die mit roter Armbinde im Dorf patrouillierten und Ausweiskontrollen machten. Und auch sonst alles im Blick hatten.

Zum Beispiel durfte man im Schrebergarten nachts keine Leitern liegen lassen. Man musste sie einschließen, denn mit einer Leiter hätte ein Flüchtling ja ... Klar, oder?

Jedenfalls hatten sie in den Schrebergärten die Leitern doch liegen lassen. Und morgens waren alle mit einem Schloss zusammenkettet. Das waren die Volkspolizeihelfer gewesen. Neulich hat Malaschewski einen von ihnen mal wieder auf der Straße getroffen.

«Na, Genosse, die Runde gemacht? Ich habe meine Leiter aber weggeschlossen heute!», rief er.

«Hör auf damit, oder wir sprechen uns woanders wieder!»

«Das können wir gerne. Du hast doch so viel Dreck am Stecken, das können wir dann alles mal besprechen.»

So macht er das oft. Kleine Rache. Er will nicht, dass diese Leute ihre miese Vergangenheit vergessen.

Der frühere Parteisekretär des Orts wohnt nicht mehr hier, sondern in Schöningen, in Niedersachsen. Den hat er auch getroffen.

«Heinz, wo steckst du immer?», hat er ihn gefragt. «Lange nicht gesehen.»

«Ich wohne jetzt in Schöningen.»

«Was?! Das ist ja Republikflucht!»

Schweigen.

«Aber ich bin immer noch in Hötensleben!», hat Malaschewski dann gesagt und ist weitergegangen.

Zweimal ist er verhaftet worden in der DDR. Einmal hatte er den Ausweis vergessen, als er das Dorf verließ. Als er zurückkam, stand er vor dem Posten, einem Bekannten.

«Ihren Ausweis!», sagte der.

«Mensch, du kennst mich doch!»

«Ihren Ausweis!»

Der Mann nahm ihn fest. Bis morgens um drei saß Malaschewski im Keller der Polizei.

Ein anderes Mal hatte er sein Moped nachts auf der Straße stehen lassen. Auch das war verboten. Auch deswegen nahm man ihn mit.

Zu Weihnachten wurde oft ein Vietnamese bei Malaschewskis einquartiert, nette Leute immer, die in der DDR arbeiteten. Später schrieben sie Briefe aus Vietnam, Malaschewski kramt sie aus einem schwarzen Aktenkoffer hervor. «Manchmal habe ich nach DDR denken», schrieb da 1980 Herr Hu Van Thu. «Dann weine ich, DDR ist schöne Land. DDR war schöne Land für mich und schöne Leute, sehr höflich.»

Unten an der Aue hat man einige hundert Meter lang die Anlagen stehen lassen, mit denen die DDR ihre Bürger einsperrte: Sichtschutzmauer, Kontrollstreifen, Signalzaun, Hundestreifen, Sicht- und Schussfeld, Todesstreifen, spanische Reiter, Grenzmauer, Niemandsland. Das Grenzdenkmal. Ein Verein pflegt alles. Siegfried Malaschewski ist sein stellvertretender Vorsitzender.

Wir stehen auf dem alten Wachturm. Malaschewski spricht von den Details: Dass die Leiter innen im Turm angeschweißt war, damit sie niemand anderweitig benutzen konnte. Dass die Mülltonne für die Wachmannschaft abschließbar war, damit sich niemand drin versteckte. Dass die Muttern am äußersten Grenzzaun nach Westen zeigten – obwohl doch der Propaganda zufolge der faschistische Feind mit dem Zaun abgewehrt werden sollte.

Er kennt hier jede Kleinigkeit. Er sagt, die Sichtschutzmauer am Dorfrand habe verhindert, dass man die eigentliche Mauer sah – erst 1989 habe er die richtige, viel besser befestigte Mauer gesehen. «Wie abgestumpft man war!», sagt er. Wir schauen auf den Todesstreifen. Plötzlich hat er Tränen in den Augen. Er macht hier oft Führungen für junge Leute. «Manchmal muss ich mich umdrehen, da muss ich weinen. Da unten wurden Menschen abgeschossen wie Hasen, gleich neben uns.» Seine Stimme wird laut: «Und ich kann den jungen Leuten nicht sagen: Die Welt ist schön. Das kann ich nicht.»

So war das mit Malaschewski. Einen halben Tag verbrachten wir zusammen, das war samstags. Montags kam er wieder ins Krankenhaus, «wird schon werden», hatte er gesagt, «das krieg ich in den Griff».

Aber es ist nicht geworden. Malaschewski ist gestorben.

Das war nun so ein deutsches Leben.

# Abfall

Wo andere Länder nicht mal einen Abfallkorb aufstellen, da hat unser liebes Deutschland gleich vier. Und in vielen Wohnungen gibt es bereits eigene Müllsortierzimmer, mit Eimern für Kompost und Joghurtdeckel, für Konservendosen und Papier, für Kunststoffe und Batterien, für Glas und Holz, für Arzneimittelreste und Chemikalien und natürlich für das bisschen Restmüll, das noch bleibt. Früher hieß das Hobbyraum. Hier werden auch die leeren Pfandflaschen zwischengelagert und die Dosen, hey, natürlich, die Dosen.

Da ist es schon manchmal ein bisschen eng.

Aber seit sie das neue Stoßstangenpfand eingeführt haben, kommt es für manchen Bürger richtig dicke.

Früher ging man ja, wenn die eigene Stoßstange beim Einparken zum Beispiel einen kleinen Kratzer abbekommen hatte (die Deutschen sind da empfindlich), einfach ins nächste Stoßstangengeschäft oder in die Stoßstangenabteilung von Karstadt, und kaufte eine neue. Die alte gab man in den Müll.

Das wurde dann durch das Stoßstangenwiederverwertungsgesetz von 1999 verboten. Alte Stoßstangen mussten fortan in die überall bereitstehenden Altmetallkörbe geworfen werden.

Man stellte dann aber fest, dass die vorhandenen Altmetallkörbe in der Regel zu klein waren für diesen Zweck.

Daraufhin beschloss die Bundesregierung in der Ersten Ausführungsverordnung von 2000 zum Stoßstangenwiederwertungsgesetz von 1999, neben den Altmetallkörben «flächendeckend» so genannte Stoßstangenschredder aufzustellen, in denen die ein-

Altmetalle
Restmüll

geworfenen Stoßstangen zerkleinert werden sollten. Dagegen klagte ein Bürger in Neumünster wegen Verletzung der Lärmschutzbestimmungen. Der Prozess ist noch anhängig; es wird frühestens im Jahr 2013 zu einer Entscheidung kommen.

Um diese Zeit zu überbrücken, wurden in vielen Bundesländern so genannte Stoßstangenwiederverwertungsübergangsverordnungen beschlossen, denen zufolge an jeder zweiten Straßenecke spezielle Altstoßstangenbehälter aufgestellt werden müssten, die – um des Lärmproblems Herr zu werden – erstens innen mit alten Reifen ausgekleidet werden sollten, zweitens nur jeweils eine Stoßstange aufzunehmen in der Lage wären, um jedes unerwünschte Geklapper zu vermeiden.

Gegen die Aufstellung dieser Altstoßstangenbehälter protestierte nun aber die Initiative «Unser Stadtteil soll schöner werden» mit Massendemonstrationen in allen Hauptstädten. Da in mehreren der betroffenen Bundesländer Landtagswahlen anstanden, wurde der Vollzug der gerade beschlossenen Stoßstangenwiederverwertungsübergangsverordnungen vorübergehend ausgesetzt. Weil ohnehin viele Bürger ihre alten Stoßstangen bis zur Klärung der Sache nicht entsorgten, sondern zu Hause zwischenlagerten, wäre es der Altstoßstangenbehälterindustrie im Übrigen ohnehin nicht möglich gewesen, ausreichend Altstoßstangenbehälter herzustellen, denn die Stoßstangenwiederverwertungsübergangsverordnungen sahen in ihren Ausführungsbestimmungen vor, dass alle Altstoßstangenbehälter aus alten Stoßstangen hergestellt werden müssten. Weil es aber an alten Stoßstangen fehlte, war es auch nicht möglich, die Behälter zu bauen.

Inzwischen sah es in den Müllsortierzimmern vieler deutscher Haushalte so aus wie auf dem Foto. Die Bevölkerung begann zu murren. Bereits mussten viele deutsche Kinder in den Elternbetten untergebracht werden, weil auch die Kinderzimmer zur Lagerung angelaufener, verkratzter, leicht verbeulter sowie sonst wie verbrauchter Altstoßstangen benötigt wurden.

Viele Kommunen gingen deshalb dazu über, innerstädtische Stoßstangenpfandsysteme einzuführen, mit denen jedes einzelne Stoß-

stangenfachgeschäft verpflichtet werden sollte, die jeweils bei ihm gekauften Stoßstangen gegen Vorlage einer Pfandmünze zurückzunehmen. Dagegen gingen nun sowohl der Bundesverband des Stoßstangeneinzelhandels als auch die Interessenvereinigung Süddeutscher Stoßstangenbenutzer gerichtlich vor. Im Übrigen stellte sich die Regelung ohnehin als nicht praktikabel heraus: Viele Bundesbürger kaufen nämlich bei ihren ausgedehnten Reisen im In- und Ausland Stoßstangen auf Vorrat und benötigen deshalb ein bundesweites Altstoßstangenrücknahmesystem, welches aber zurzeit wegen der o. g. Probleme mit der gerichtlichen Klärung nicht realisierbar ist.

Unterdessen hat der für Buntbleche und Weißmetall zuständige EG-Kommissar eine Regelung für ganz Europa angekündigt.

Die Lage in den von Altstoßstangen überquellenden deutschen Wohnungen aber wird immer dramatischer.

# Eine Liebe

Eine Geschichte über die Liebe in Deutschland? Nehmen wir diese beiden Menschen hier. Ihre Geschichte konnte nur in diesem Land spielen und nur zu einer bestimmten Zeit.

Es war 1995, als ich Maria und Franz Lamer besuchte. Sie lebten in Wolfratshausen, in einem Reihenhäuschen am Stadtrand, das damals sechzig Jahre alt war, jünger als die beiden. Sie war 74, er gerade 72. Sie war eine ruhige, gelassene, rundliche Person mit einem breiten, vollmondgütigen Gesicht, er ein zappeliger Kleiner von nur sechzig Kilogramm, ausgemergelt wirkend, aber sehr zäh. Sie hatte gleichzeitig vier Putzstellen gehabt in den vergangenen Jahrzehnten, jetzt nur noch eine. Er hatte sein Leben lang auf dem Bau gearbeitet, als Hilfsarbeiter, obwohl er ein intelligenter Mann war, der abends im Fernsehen die politischen Magazine sah. Seit zwölf Jahren war er in Rente.

Die Geschichte geht so: Maria Pompel und Franz Lamer lernten sich an Josefi 1950 kennen, dem 19. März. Das war bei einem Tanzvergnügen in Tegernsee. Sie saß mit zwei Freundinnen an einem Tisch, er nebenan mit dem Pepi, dem Walter und dem Ernst, alles Kriegsheimkehrer wie er selbst. Aber nur Franz tanzte, und zwar mit Marias Freundinnen. Sie blieb sitzen, enttäuscht, weil er ihr doch gefiel. «War a hübscher Kerle», sagt sie, «und so schee anzog'n, mit einem gelben Hemd und braunem Lumberjack mit silbergrau abgesetzten Manschetten, braune Schuhe dazu.»

Es sei Liebe auf den ersten Blick gewesen, fügt sie strahlend hinzu, und wenn man ihn danach fragt, murmelt er etwas und wird verlegen. Aber er hat sie dann doch aufgefordert und schließlich nach Hause gebracht, drei Kilometer weit zu Fuß.

Am nächsten Tag gingen sie zusammen ins Kino, und zehn Monate später haben sie geheiratet.

So beginnt unsere Geschichte, die von Stetigkeit und Dauerhaftigkeit handelt und von einem Ehepaar, das schließlich mehr als fünfzig Jahre lang zusammenlebte und drei Töchter hatte, fünf Enkel und einen Urenkel. Es ist eine einfache Geschichte, und doch stürzt sie mich ins Grübeln.

Wann fing alles wirklich an? Muss nicht, wer die Geschichte einer Liebe verstehen will, zuerst von zwei Menschen hören, die sich noch nicht kannten, und von der Zeit, in der sie ohne einander lebten? Begann die Geschichte also im Krieg oder in den Jahren davor? In den kleinen Dörfern, in denen Maria und Franz aufwuchsen, 290 Kilometer voneinander entfernt, beide im heutigen Tschechien?

Er stammt aus dem Weiler Niederalbendorf, der nun Dolmi-Alberice heißt und sich bei Trutnov im Riesengebirge befindet, sie aus einem Dorf in der Nähe von Stribro, westlich von Pilsen. Hätte es den Krieg nicht gegeben, sie hätten sich nie kennen gelernt.

Franz Lamers Vater hatte eine kleine Landwirtschaft, und nebenbei fuhr er mit seinen beiden Pferden Holz. In jenem Dorf, in dem die Familie lebte, handelten noch die Eltern aus, wer wen heiratete, und unter Jugendlichen wurde verspottet, wer mit einem Mädchen ging, dessen Eltern wenig besaßen. Franz hatte eine Freundin, die Irma hieß, und die wäre seine Frau geworden, hätte er nicht Soldat werden müssen. Ob das besser gewesen wäre? Er würde antworten, dass sein Leben sich zum Guten gewendet habe, dass er zufrieden sei, dass er darüber nicht nachdenke.

Lamer kam zur 23. Infanteriedivision, 3. Bataillon, 11. Kompanie, Feldpostnummer 27394D – er weiß alles auswendig. 1944 geriet er in finnische, dann in russische Gefangenschaft, Jahre, von denen er stundenlang erzählt, laut, verwirrend, manchmal schwer verständlich. Wörter wie «Natschalnik» und «Karascho» ragen heraus wie

Inseln aus dem Meer von Geschichten, in denen es um bellendes Geschützfeuer geht oder um einen Granatsplitter, der dem Franz ein Loch in die Mütze riss und beinahe also in den Schädel.

Unübersehbar ist im Übrigen ein eiserner Wille des Mannes zur Zufriedenheit in allen Lebenslagen. Selbst die Zeit in den Lagern war, ihm zufolge, die schlechteste nicht: «Die Russen», sagt er, «waren schon in Ordnung: Haben sie wenig zu essen gehabt, hatten wir auch wenig, hatten sie viel, bekamen wir auch viel.»

Franz Lamer wurde aus der Gefangenschaft an den Tegernsee entlassen, zu einer Tante, die dort lebte. Das war im März 1949, und er besaß nichts als ein paar Klamotten im Heimkehrerkoffer, «meinem Papperdeckel». Den hat er noch, bewahrt seine Elektrosachen darin auf, und zwischendurch diente er als Puppenkoffer der Töchter. Die Deutschen waren vertrieben aus seiner Heimat, deshalb durfte er nicht dorthin zurückkehren. Indes war seine Familie von der Vertreibung ausgenommen gewesen, auf Grund von Zufällen. Sie war dort geblieben, und so sah er seine Eltern und sein Dorf erst 1964 wieder, ein Jahr vor dem Tod des Vaters: Da war er schon verheiratet und fuhr mit der jüngsten Tochter zu Besuch.

Maria Pompel blieb zu Hause während des Krieges, «in Stellung», wie das hieß, bei einem Großbauern. Sie sei «ein schlechter Jahrgang» gewesen, sagt sie, geboren 1921 als jüngstes von sieben Kindern. Als sie eine junge Frau wurde, gab es keine Männer mehr im Dorf, jedenfalls keine für sie: Die meisten waren zu jung, die anderen im Krieg. Die weißrussischen und polnischen Gefangenen, die auf den Gehöften arbeiteten, durfte Maria nicht mal anschauen – die Mutter hatte es verboten. Musik und Tanz, Gelegenheiten, jemanden kennen zu lernen, gab es nicht.

Die Mutter starb vor der Vertreibung, «an Lungenentzündung ohne Fieber», wie die Tochter sagt, die am Bett saß und von den letzten Minuten so berichtet: «Ja ... ja, jetzt kommen sie», habe die Kranke gerufen, «jetzt kommen vier Männer, die machen ein Loch für mich.» Die Mutter habe die Augen offen gehabt, weite Nasenlöcher bekommen, die Wangen seien eingefallen, «und ich habe sie gerüttelt und gerufen: Mutti, Mutti, lass mich nicht allein!»

Eine Nachbarin, die dabei gewesen sei, habe gesagt: «Du störst sie beim Sterben.»

Dann sei es vorbei gewesen.

Als der Krieg beendet war, mussten die Pompels ihre Heimat verlassen, in Viehwaggons, von deren Ziel sie nichts wussten, ohne ihre Habe. Manches hatten sie versteckt gehabt, in Truhen am Waldrand vergraben. Davon sahen sie nichts wieder, fast nichts. Einmal, kurz nach dem Krieg, saß Marias Schwester, die in einem mittelfränkischen Dorf lebte, mit ihrer Schneiderin beim Kaffee, als eine Frau hereinkam, mit Stoff für ein Kleid. Es war, unglaublicherweise, Stoff aus der Aussteuer der Schwester. Der Mann jener Frau, ein Deutscher aus der Gegend der Pompels, hatte die Kiste ausgegraben und gestohlen. Viel war nicht wiederzubekommen, das meiste hatten die Leute eingetauscht, gegen Lebensmittel.

«Vor den Tschechen hatten wir's versteckt», sagt Maria, «und die eigenen Leute haben es genommen.»

Der Krieg hat getan, was er heute noch tut, anderswo, Tag für Tag: Er hat den Menschen die Heimat geraubt und sie zu Schiffbrüchigen auf der Suche nach einem Strand werden lassen. Und er hat ihnen die Aufgabe ihres Lebens gegeben: wieder Boden unter die Füße zu bekommen, sich ein Zuhause zu schaffen, mit all der bäuerlichen Kraft und Beharrlichkeit, die sie hatten.

Maria landete mit Vater und Geschwistern erst in Miesbach, dann in Tegernsee. Sie wurde Dienstmädchen in einem 13-Personen-Haushalt, arbeitete hart von sechs Uhr morgens bis sechs Uhr abends, für 46 Pfennig in der Stunde: Kochen, Backen, Putzen, Waschen. Irgendwann lernte sie einen Mann kennen, einen Vertreter: Er fragte sie eines Tages, was sie davon halte, wenn eine andere Frau ein Kind von ihm bekäme. Sie hielt nichts davon, und es war aus. Franz wird heute noch laut und nervös, wenn davon die Rede ist, und sie ist verlegen, weil sie ihn belogen hat, das einzige Mal.

Als sie ihn nämlich kennen lernte und von jenem Mann erzählte, mit dem längst alles vorbei war, fragte er, wo der übernachtet habe, wenn er zu Besuch war. Sie antwortete: im Gasthof. Aber ihre Schwester, mit der sie Streit hatte, verriet ihm, dass er bei Maria geschlafen hatte. «Da haben wir den Dreck!», rief der Franz. Was ihn mehr empörte als die Unwahrheit: Maria hatte sich vorher einmal die Karten legen lassen. Darin hatte gestanden, dass sie eine glückliche Ehe führen werde, mit drei Kindern. Aber noch sei ihr Mann in Gefangenschaft! Sie hatte also gewusst, dass der Franz kommen werde – und nicht auf ihn gewartet.

Als sie heirateten, erwartete Maria schon ein Kind und beichtete das auch dem Pfarrer, während Franz auf dessen Frage, ob er Unzucht getrieben habe, mit einem glatten «Nein» antwortete. Eine verwirrende Situation sei das für den Priester gewesen, findet sie, «weil er doch gedacht haben muss, ich kriege das Baby von einem anderen». Einen Heiratsantrag hat Franz nie gemacht. Das sei nicht nötig gewesen, sagt sie: «Es war eh klar, sonst tät' man sich ja nicht gleich so hingeben.»

Es gibt so eine stets fühlbare Eindeutigkeit des Zusammengehörens der beiden: Liegt das an der Gegensätzlichkeit der Temperamente? Er, der immerwährend Unruhige, ständig Redende, Hypernervöse – sie, die Gelassenheit in Person, die still Zupackende. Manchmal, wenn sie untereinander reden und man ihre Blicke verfolgt dabei, spürt man etwas von nie nachlassendem Interesse am anderen und davon, dass der eine den anderen nie enttäuscht hat.

Obwohl sie kein Geld hatten, feierten sie die Hochzeit ausgiebig. Sie trug ein graues Silberkleid, für 230 Mark, erst neulich hat sie es in die Altkleidersammlung gegeben. Marias Vater spielte Schifferklavier, es gab Schweinebraten, Rinderbraten, Sauerkraut, Knödel. Ein Neffe, der Konditor war, buk vier Torten. Sie ließen anschreiben und stotterten 180 Mark über Monate ab. Als die erste Tochter zur Welt kam, gab Maria ihre Stellung auf, fertigte aber in Heimarbeit Lampenschirme und fädelte Rosenkränze auf, 300 Stück für 7,60 Mark – man saß drei Tage daran.

Franz fing auf dem Bau an, als Hilfsarbeiter, er hatte ja nie in seinem Leben eine Berufsausbildung erhalten, und nun war es zu spät. Sein Leben lang hat er geschuftet, von morgens bis zum späten Nachmittag für seine Firma, dann, nach dem Abendessen, bis in die Nacht für private Auftraggeber, samstags oft am Eigenheim des Chefs. Damals trug man Mörtel und Ziegelsteine auf dem Rücken die Leitern hoch, Kräne gab es nicht oder nur selten. 1957 fuhren Schwestern, Neffen, Kinder mit sieben Mopeds hintereinander vom Tegernsee nach Wolfratshausen, wo Reihenhäuser zu erwerben waren. Die Lamers kauften eines, Marias Schwester ein anderes, für je 15000 Mark. Sie nahmen einen Kredit auf. Franz rackerte weiter. «Ich habe immer nur die Schulden im Kopf gehabt», sagt er. «Ich wollte keine Schulden mehr haben.»

Die harte Arbeit hat ihn krank gemacht. Manchmal ist er vor Erschöpfung zusammengebrochen, 1973 zum Beispiel, als sie Verwandte besuchten und er abends Zigaretten holen ging. Vor dem Automaten am Haus sackte er bewusstlos zusammen. Als er zu sich kam, lag er immer noch auf der Straße, robbte die Treppe hinauf, bummerte an die Tür. Drinnen übergab er sich sofort. Aber erst nach ein paar Tagen, wieder zu Hause, ging er zur Ärztin, die einen Kreislaufkollaps diagnostizierte. Zehn Jahre später brachen zwei Magengeschwüre auf. Seitdem hat er von 75 Kilogramm 15 verloren, und selbst der kleine Enkel isst mehr als er. Franz Lamer hat sich zu viel geärgert bei der Arbeit, konnte es nie ertragen, wie schlampig andere mit dem Werkzeug umgingen, das er nach Feierabend reinigte, reparierte, aufräumte. Er kann nicht stillsitzen.

«Ruh dich aus», sagt seine Frau oft zu ihm. «Aber er find' immer was.»

«Weil immer was ist!», ruft er da.

Seine Rastlosigkeit hat den Körper abgenutzt. «Z'sammg'rackert san S'», hat die Ärztin bei der Landesversicherungsanstalt gesagt, als er um die Rente einkam. Vor ein paar Jahren hatte er einen Herzinfarkt. Sie waren beim Kegeln, als er plötzlich sagte, er gehe jetzt heim. Kurz darauf saß er auf der Treppe, vor der Tür, totenblass. Maria sagte noch zu ihm: «Du, mach kein' Scheiß!» Da kippte er um. Gott sei Dank waren die Retter nah, eine Etage höher im Wirtshaus fand ein Rotkreuzball statt. Franz kam ins Krankenhaus. Jeden Tag besuchten ihn die Kinder, jeden Nachmittag von zwei bis um sieben saß seine Frau am Krankenbett.

Eine Geschichte über die Liebe? Warum hat hier alles so einen Drall zum Sachlichen, Nüchternen? «Vati», sagt die Maria zum Franz, «Mutti», sagt der Franz zur Maria. Das klingt nicht nach der Art von Zuneigung, wie Jüngere sie sich vorstellen, die in einer anderen Zeit leben, die eine Geschichte wie diese mit Zweifeln lesen werden, vielleicht mit Unwillen und doch auch mit einer Sehnsucht. So wie die beiden «Vati» sagen und «Mutti», hört es sich aber auch nicht nach Pantoffeln an und nach jener in langen Ehejahren gewachsenen Gleichgültigkeit, die wir alle verachten – eher nach einer Art Vertrautheit, für die man sehr lange braucht.

Vielleicht ist es ja so, dass irgendwann in so vielen Jahren etwas an die Stelle der Liebe tritt oder neben sie: Kameradschaft, unverbrüchliche Solidarität? Aber warum ist man dann kameradschaftlich, solidarisch? Aus Liebe? Oder weil man den anderen braucht für sich selbst? Weil man ohne ihn sein eigenes Ziel nicht erreichen kann: eine Heimat zu haben, einen Platz, an dem man keine Angst haben muss, wo man seine Lebensrolle gefunden hat? Geht es darum, jemanden zu finden, der das gleiche Ziel hat? Mit dem man eine Übereinkunft findet, mit welchen Mitteln, in welchen Bahnen man dieses Ziel erreichen will? Was ist Liebe in dieser Geschichte: bloß der Funke, mit dem etwas anderes begann? Oder der Boden, auf dem alles wächst?

Fast nie waren Maria und Franz Lamer getrennt. Aber nach seinem Infarkt musste er für vier Wochen zur Kur. Nach Bad Kissingen! Sie habe vorher gehört, sagt Maria Lamer, «dass durch die Kur viele Ehen kaputtgehen, drei allein, die ich kenne». Dem Schwiegervater der Tochter, einem Mann, für den man die Hand ins Feuer legen könne, sei Folgendes passiert: Er habe auf einer Bank gesessen im Kurpark, einen Arm lang auf die Rücklehne gelegt. Zwei Frauen seien gekommen. Eine habe sich neben ihn gesetzt, dort, wo der Arm lag, die andere habe die Szene fotografiert – und das Bild seiner Frau geschickt. Warum? «Aus Blödsinn oder aus Hässlichkeit, oder weil sie keinen Mann hatten – ich weiß nicht.»

Franz rief jeden Tag zu Hause an. War die Telefonzelle besetzt, benutzte er den Apparat des Pförtners, und war Maria nicht da, meldete er sich bei der Tochter. Maria hatte Angst, «und eifersüchtig war ich auch». Er sagt, so treuherzig wie nüchtern: «Du, wenn ich von dir weggeh, wer weiß, was ich für eine krieg? Die haut vielleicht bloß mein ganzes Geld raus.»

Und wenn er sie doch einmal betrügen würde?

«Ich glaub, ich tät ihn derschlagen!», sagt sie.

Die älteste Tochter hat sich eines Tages scheiden lassen. Sie hatte entdeckt, dass ihr Mann sie hinterging. Der Schwester sagte sie, sie wolle sich zu Tode fahren mit dem Auto. Die berichtete davon der Mutter, welche sofort zur Tochter ging. «Du, mach mir bloß keine Schande und keine Trauer», hat sie ihr gesagt. Und: «Dein Elternhaus steht immer offen!» Die Tochter kehrte nach Hause zurück, und Maria verfluchte den Schwiegersohn, den sie doch geliebt hatte wie einen Sohn. Sie hat ihm erst 13 Jahre später bei der Hochzeit des Enkels wieder die Hand gegeben. Bei der Feier hat er sie zum Tanzen aufgefordert, und dem Franz hat er zum 70. Geburtstag eine Flasche Cognac geschenkt. Man hat sich vertragen, aber die Flasche steht im Keller. «So was Teures», sagt Maria Lamer, «trinken wir nicht.»

Die Tochter ist wieder verheiratet, wohnt in der Nähe, wie alle in der Nähe wohnen: Fern ihrer Geburtsdörfer haben sich die Lamers eine neue Heimat geschaffen, einen Familienclan, der sich fast jeden Tag sieht und immerzu irgendein Fest zu feiern hat. Dann wird die Küche umgeräumt für 24 Personen, die essen, trinken und reden. Wenn man Maria Lamer einfach sprechen lässt, ohne etwas zu fragen, redet sie nur von der Familie. Sie weiß jedes Datum auswendig, das in diesem Kreise wichtig ist, alle Geburts- und Hochzeitstage, selbst die Uhrzeit, zu der ihre Schwester starb: 16.50 Uhr am 28. Mai – die ganze Familie stand ums Bett herum. Wer der Sippe angehört, kann absolut sicher sein, nie allein sein zu müssen, wenn er Hilfe braucht.

Franz Lamer trägt Tag für Tag in einen Kalender ein, was im eigenen Haus geschehen ist, und wenn es Streit gibt, über die Frage zum Beispiel, ob der Christbaum vor drei Jahren am Fenster oder bei der Tür stand, rennt er zum Schreibtisch und schaut nach, kommt triumphierend zurück, wenn er Recht hatte, oder sehr still, wenn er im Unrecht war. Streit haben die beiden oft: Man geht sich, wenn man so unterschiedlich ist, leicht auf die Nerven. Er sei ein lauter Mensch, sagt sie, und er ruft: «Dich hören die Rehe im Wald, wenn du schreist!» Meistens geht er dann in den Keller, arbeitet in seiner Werkstatt, wie er Holz hacken gegangen ist, als er beim ersten Mal durch die Führerscheinprüfung fiel. Wenn er wieder auftaucht, hat er alles vergessen, nur sie ist nie so leicht bereit, sich zu versöhnen.

Einmal frage ich die beiden, was sie für die beste Eigenschaft des jeweils anderen hielten. Sie antwortet: «Er hält alles schee z'samm'.» Er sagt: «Sie hält's auch zusammen.» Das war's.

Reden wir von Liebe? Wirklich? Ist es das gleiche Wort, welches das Leben der Lamers bezeichnet und die hohen Ideale, die wir in Heiratsannoncen formuliert finden, in denen alles könnende Supermenschen gesucht werden, und in den Seufzerfilmen, die die Kinokassen füllen? Auf viele Jüngere muss unsere Geschichte exotisch wirken: Sie haben nicht mehr den Druck der Verhältnisse, wie er die Lamers zusammenschweißt. Sie leben auf einer materiellen Basis, die es erlaubt, Phantasien nachzuhängen, auf deren Verwirklichung zu drängen. Das hat eine Menge Gutes: Nicht in einer Großfamilie leben zu müssen, seinen Alltag mit denen teilen zu können, mit denen man es möchte, ist auch eine große Befreiung. Aber reden nicht andererseits viele, die um Realisierung ihrer Träume bemüht sind, bloß von Konflikten, Frust, Verzweiflung am anderen? Und träumen vom großen Glück, während sie nicht einmal das kleine erreichen, das die Lamers genießen, weil sie sich mögen, weil sie Distanz zueinander zu halten wissen und vor allem: weil sie nicht zu viel erwarten vom Leben.

Ein anderes Mal will ich wissen, was die beiden davon hielten, dass viele Menschen zusammenleben, ohne zu heiraten.

Maria sagt: «Meine Sache wär's nicht. Weil das nichts Sicheres ist. Da kann man kommen und gehen, wann man will.»

Darauf Franz: «Was man angefangen hat, soll man auch weitermachen.»

Sie: «Wir haben beide nichts gehabt, als wir anfingen. Wir können sagen, wir haben miteinander alles geschaffen, was wir haben. Wir haben es doch zu einem Eigenheim gebracht.»

Er: «Wir haben unser Grab schon gekauft, dass die Kinder nichts suchen müssen, wenn es schnell gehen muss.»

Sie: «Wir wissen heute schon, wo wir einmal hinkommen.»

Es entstand eine Pause, dann sagte sie: «Ich bin zufrieden. Noch ein bisschen Gesundheit, und alles ist wunderbar.»

Er fügte hinzu: «Ich bin auch zufrieden. Hauptsache, das Auto läuft.»

Franz Lamer ist im September 2001 gestorben, an Herzschwäche. Das war nach der goldenen Hochzeit. Man erinnert sich in der Familie, dass er nach der Beerdigung eines Neffen, bei der die Totengräber Erde und Steine laut ins Grab poltern ließen, seine Angehörigen mahnte, sie sollten, wenn es mit ihm selbst zu Ende gegangen sei, darauf achten, dass die Männer vorsichtiger seien mit dem groben Gestein. Das gebe doch schreckliche Kratzer, «der schöne neue Sarg».

Die Familie hat sich daran gehalten.

Jeden Tag besucht Maria Lamer ihren Mann auf dem Friedhof.

# Deutsche Männer und das Meer

Immer im Sommer kommt die Zeit, da deutsche Männer Luftmatratzen in die Brandungen vor Norderney oder Sylt bugsieren, da sie in den Wellen das sich aufbäumende Polster niederzuhalten und gerade zu richten versuchen, da sie ihre Körper darauf legen und mit rudernden Armen in See stechen. Und wieder sitze ich da, schlage die Zeitung auf und warte auf die Meldung, wonach ein einsamer, nahezu verdursteter, ganz und gar entkräfteter deutscher Mann auf einer Luftmatratze irgendwo zwischen Wangerooge und Helgoland entdeckt worden ist, einer, der aufbrach und nicht wusste, wohin. Es wird so oft gewarnt davor, sich beim Baden zu weit hinauszuwagen, denn die Kräfte von Ebbe und Flut seien unüberwindlich. Aber die Warnungen sind immer fruchtlos.

Sommer für Sommer geschieht dies. Einmal, erinnern sich Fachleute, wurde ein Mann dreimal hintereinander auf der offenen Nordsee angetroffen, immer allein und immer eine Luftmatratze unter sich; kaum hatte man ihn an Land gebracht, brach er wieder auf, von magischer Kraft aufs Wasser gesaugt.

Der Herr war aus Bochum, oder?

Und immer sind es Männer auf Matratzen dort draußen, niemals Frauen, nicht wahr?

Die deutschen Männer und das Meer – das ist ein Rätsel, und ich will es lösen.

Beginnen wir am Strand, dort, wo der Mann das Land bereits hinter sich gelassen hat und dem Meer gegenübersteht. In vielen, vielen Sommern konnte ich Männer in dieser Übergangszone beobachten und habe gesehen, wie sie von einer rätselhaften Energie gepackt wurden. Statt ruhig im Sand zu liegen, handelten sie ohne Pause. Sie bauten Burgen. Sie schleppten Muscheln in Eimern herbei. Sie spielten Volleyball, nein: Sie organisierten sofort eine Volleyballliga. Sie ließen Drachen steigen. Sie drehten Videofilme. Sie hatten keine Ruhe. Sie stellten Zelte auf im Starkwind der Küste wie der Postsekretär aus Dachau, den ich auf Wangerooge sah.

Ob so ein Zelt nicht wegfliegen könne im Sturm?

«San Sächzig-Zantimeta-Sandhaken, da fliagt nix weg!», krächzte er und lief zum Wasser, wo er ein rosa Kinderbadethermometer, an einem Bindfaden befestigt, in die Wellen warf, um die Wassertemperatur zu messen und in einer Liste zu notieren; jeden Mittag um zwölf, Tag für Tag, einen dreiwöchigen Urlaub lang. Weil er jedes Jahr nach Wangerooge fuhr, konnte er sich ein kleines Handbuch mit Wangerooger Sommerbadetemperaturen anlegen und später darin blättern, in der Kälte von Dachau und anderswo. Und wenn sein Ende kommt, wird er anhand des Auf und Ab der Badegrade Bilanz ziehen eines Sommerurlaubslebens, und es wird gewesen sein eine Folge von kalten und warmen Tagen.

Männer treiben den Fortschritt voran, tagaus, tagein. Einen sah ich, der sich am Männergrill braun briet. Alle halbe Stunde griff er neben sich, um eine Sprühflasche zu nehmen, wie man sie zum Bügeln benutzt – er sprayte sich damit Sonnenöl auf den Körper.

«Punkt sieben bin ich morgens im Wasser, Punkt acht beim Bäcker», erzählte ein anderer stolz, und wenn ich die Augen schloss, sah ich Generäle in die Brandung stürmen, die Säbel gezückt, vor sich das Meer und hinter sich alles andere. Das Wellenbaden ist für Männer wie der Lebenskampf. Sie werfen sich in die höchsten Amplituden der Brandung, wollen nicht untergehen, gehen doch unter, tauchen wieder auf, lassen sich eine Weile vom Wasser tragen, werfen sich wieder entgegen, um vorwärts zu kommen, vorwärts. Aber wohin?

Und wenn sie einfach dalägen? Keine Burgen bauten, keine Sprühflaschen konstruierten und die Wassertemperatur nur mit dem großen Zeh erfühlten? Sie könnten doch schweigen und aufs Meer gucken und sich freuen, dass da hinten die Welt zu Ende ist und die Kurverwaltung so freundlich, Schiffe am Horizont vorbeiziehen zu lassen, auf einer ewig rotierenden Kette befestigte Schiffe, so wie die Keiler an den Schießbuden auf der Kirmes. Die Schiffe tauchen links auf, schwimmen langsam nach rechts, tauchen dort unter, werden unter Wasser nach links zurückgezogen, tauchen wieder auf, und mit Hilfe einer zweiten Kette daneben passiert alles auch umgekehrt, von rechts nach links. Nur damit etwas geschieht, tut die Kurverwaltung dies, damit sich unser Blick fangen kann und nicht ziellos übers Wasser irrt. Dafür zahlen wir Kurtaxe, nicht für das Reinigen der Strände!

Man könnte auch die Augen schließen und sich vorstellen, wie man übers Meer triebe in einem kleinen Boot, von Amrum hinüber nach Föhr vielleicht, und es käme auf einer Luftmatratze ein Mann daher, natürlich der vom Nachbarfrühstückstisch in der Pension, und er würde sofort beginnen, wieder die Lage auf einem bestimmten Segment des Weltpharmaziemarkts zu erläutern. Man würde, während er sich in Tiraden gegen das Bundesgesundheitsamt verlöre, leise die drei Stöpsel aus seiner Unterlage entfernen, und er würde blubbernd versinken und noch den Makrelen erzählen von den Marktanteilen der verschiedenen Kopfschmerzmittel.

Ich aber würde mich weitertreiben lassen, der Explosionen auf den Weltmärkten nicht achtend.

Wir müssen uns den deutschen Strand als ein gigantisches Feld ziellos freier Energien vorstellen: hier Männer, Zelte bauende, surfwillige, pünktlich badende Männer, die zu 60 Prozent aus Wasser bestehen, zu fünf Prozent aus Mineralstoffen, im Übrigen aus Fett, Kohlenhydraten und dergleichen. Dort das Meer, welches 98 Prozent Wasser enthält, ansonsten Salze aller Art, Fische und Wracks. Das Meer transportiert schon bei ein Meter hoher Brandung pro Meter 48 Kilowatt und haut sie sinnlos aufs Land. Im Jahr wird allein an Sylts Westküste ein Drittel der Jahresproduktion der Hamburgischen Electricitäts-Werke vergeudet! Dieses gewaltige Energiefeld packt jeden Mann, sobald er den Strand betritt, und er muss handeln, muss hilflos Kanäle vom Meer in den Strand hineinbauen mit Schäufelchen und Eimerchen, um wenigstens ein bisschen Energie in Burgen zu leiten und sich zu befreien vom entsetzlichen Druck der Kilo- und Megawatt.

Aber warum nur die Männer, nicht die Frauen?

Ich denke zurück an einen Nachmittag auf Amrum (August 1990, wie gesagt), als am Kniepsand, gerade vor der Großdüne und auf dem Höhepunkt der Flut, plötzlich Hunderte von Männern sich wie auf einen geheimen Befehl hin mit einem Ruck von Handtüchern befreiten und aus Strandkörben erhoben. Alle kramten ihre Luftmatratzen und Gummiboote hervor, und wer keine hatte, eilte ins Dorf, um die letzten noch vorhandenen Exemplare zu kaufen. Dann steckten die Männer die Schläuche ihrer Luftpumpen in die Öffnungen der Luftbehälter oder pressten ihre Münder dorthin, pumpten und pusteten, sodass ein tiefes Atmen über dem Strand lag, ein Keuchen aus Hunderten von Männerkehlen – bis alles, was Luft fassen konnte, prall war.

Dann eilten die Männer zum Meer. Die meisten gingen wortlos, manche mit der gemurmelten Erklärung, sie wollten «mal schwimmen», einer sogar mit dem Satz, er müsse Zigaretten holen. Die

Frauen blieben träge im Sand liegen, warfen kurze, uninteressierte Blicke hinter ihren Büchern hervor oder suchten in den Kühltaschen nach Obst für die Kinder. Die Männer warfen Matratzen und Schlauchboote in die Wellen und sich selbst hinterher. Sie kämpften gegen das herandrängende Wasser, überwanden die Brandung, ruderten mit heftigen Armbewegungen wie Frösche über die roten Begrenzungsballons hinaus, missachteten das Tuten der Strandwacht, paddelten hinaus, davonziehend wie ein gewaltiger Zug lebensverachtender Lemminge, der auf immer verschwand und schließlich von der sich zurückziehenden Flut abtransportiert wurde, hinaus in die Deutsche Bucht.

Weit vor der Küste wurden wenige von ihnen aus dem Wasser gefischt. Aber sie konnten keine Auskunft über ihre Motive geben, sondern versuchten, zurück an Land, sich schweigend sofort wieder Luftmatratzen zu besorgen, um auf See zurückzukehren. Man brachte sie schließlich unter Anwendung unmittelbaren Zwanges in einem Gemeinschaftstransport ins Landesinnere, nach Dortmund oder Kassel oder Freising, wo sie bis heute bürgerlichen Berufen nachgehen. Über das, was sie damals trieb, schweigen sie beharrlich. Verschließt das Namenlose, das sie gesehen haben, ihnen den Mund?

«Auf Sylt hatte er, in weißen Hosen, sicher, elegant und ehrerbietig am Rande der mächtigen Brandung gestanden wie vor einem Löwenkäfig, hinter dessen Gitter die Bestie ihren Rachen mit den fürchterlichen Reißzähnen schlundtief ergähnen lässt. Dann hatte er gebadet, während ein Strandwärter auf einem Hörnchen denjenigen Gefahr zublies, die frecherweise versuchten, über die erste Welle hinauszudringen, dem herantreibenden Ungewitter auch nur zu nahe zu kommen, und noch der letzte Auslauf des Katarakts hatte den Nacken wie ein Prankenschlag getroffen.»

Das schrieb ein Mann, Thomas Mann, um genau zu sein, über Hans Castorp im *Zauberberg*, und schon Jahre zuvor hatte er in seinen Tagebüchern über «das Raubtiermäßige der Wellen» geschrieben und über die «Brandung, nach deren Prankenschlägen ich mich das ganze Jahr zurücksehnen werde».

Man kann das natürlich nach allem, was wir nun über das männerverschlingende Meer wissen, nicht lesen, ohne an Manns Homosexualität zu denken. Welchen Geschlechts ist das Meer, das Mann so bedrohlich erscheint, schier böse und reißend?

Sind nicht die Meergeister immer weiblich und haben volle weiße Brüste? Sie kämmen sich das Haar und tanzen und singen, und sie ziehen Menschen in die Tiefe …

Ziehen Menschen in die Tiefe? Oh, Blanke Hanna!

«Er dachte an die See immer als an ‹la mar›, so nennt man sie auf Spanisch, wenn man sie liebt. Manchmal sagt einer, der sie liebt, böse Dinge über sie, aber er sagt es immer, als ob es sich um eine Frau handle. Manche der jüngeren Fischer, die Bojen als Schwimmer für ihre Leinen benutzten und Motorboote besaßen, die sie gekauft hatten, als die Haifischlebern viel Geld einbrachten, sprachen von ihr als ‹el mar›, was das Maskulinum ist. Sie sprachen von ihr wie von einem Konkurrenten oder einer Ortsbezeichnung, ja, selbst wie von einem Feind. Aber der alte Mann dachte immer an sie als an etwas Weibliches, als etwas, was große Gunst gewähren oder vorenthalten kann, und wenn sie wilde oder böse Dinge tat, geschah es, weil sie nicht anders konnte. Der Mond beeinflusste sie, wie er eine Frau beeinflusst.»

Das hat auch ein Mann geschrieben, Hemingway hieß er.

Der Mond beeinflusst das Meer und die Gezeiten, und er beeinflusst die Frauen und den Schlaf der Frauen und die Menstruation. Das Meer symbolisiert das weibliche Prinzip, und es kann große Gunst gewähren. Aber es kann sie auch vorenthalten, und es kann wilde und böse Dinge tun. Es nimmt fast drei Viertel der Erdoberfläche ein – bis jetzt, muss man sagen, denn der Meeresspiegel steigt, und das Jahrtausend des Feminats ist angebrochen, ein erstaunlicher, bis jetzt ganz unbeachtet gebliebener Zusammenhang.

Deutsche Männer am Strand. Ihr Gefahreninstinkt ist weit unters lebensnotwendige Minimum geschrumpft, wie wir es ähnlich an den durchweg männlichen Autobahnrasern im Nebel wahrnehmen können, die nicht mehr imstande sind, die Gefahr, in die sie sich begeben, zu erkennen. So ahnen auch die Männer am Meer nicht, dass dort weibliche Energien sie beherrschen, viele hundert Megawatt weiblicher Energien. Männer lassen Drachen steigen und bauen Burgen, und dann lassen sie Gummiboote zu Wasser und fühlen sich wie Klaus Störtebeker, aber in Wirklichkeit, hihi!, in Wirklichkeit ist ein großes, großes Lachen draußen im Wasser, ein schwellendes, wieder abebbendes, wieder schwellendes, abebbendes Lachen.

Das wollte ich nur gesagt haben, und ich wollte alle Männer dieses Landes davor gewarnt haben, das weibliche Prinzip mit Hilfe von Luftmatratzen zu erforschen. Einmal wenigstens wollte ich davor gewarnt haben.

# Marienborn

Nach Marienborn ging ich zu Fuß, mir war danach zumute. Von Helmstedt aus ging ich, das dauert zwei, drei Stunden. Hier in der Gegend, auf der Westseite des großen Zauns, bin ich aufgewachsen. Sonntags sagte mein Vater manchmal, wir sollten feste Schuhe anziehen und ins Auto steigen – dann fuhren wir an die Zonengrenze. Wir fuhren nach Hornburg, nach Jerxheim, nach Schöningen oder Helmstedt, da gingen wir spazieren, und wenn wir stehen blieben, zeigte mein Vater auf Grenzwachtürme oder die Schornsteine des Braunkohlekraftwerks Harbke und sagte: «Das ist nun schon der Osten.»

Eines von uns Kindern wies dann auf einen Schornstein des Braunkohlekraftwerks Offleben und fragte: «Ist das auch der Osten?» Dann sagte Vater: «Nein, das ist noch der Westen.»

Hinterher gingen wir Kaffee trinken.

Dass Marienborn ein Dorf ist – ich wusste es nicht. Marienborn hielt ich für einen Grenzübergang, den berühmtesten Grenzübergang Deutschlands, vom Checkpoint Charlie in Berlin abgesehen. In diesem Marienborn verbrachte ich viele Stunden, langsam hineingleitend in den Trichter zur Transitautobahn, auf der man wie in einem Schlauch ostwärts gepumpt wurde. Und während wir auf einen Stempel im Pass warteten, ließ uns die Betrachtung jener langen, überdachten Transportbänder für Personalpapiere die Eintönigkeit des bevorstehenden Transits schmecken. Oder wir warteten in klebrigen, muffigen, im Winter schneidekalten Eisenbahnwaggons, auf denen stand, es handele sich um den Zug Paris – Warschau, obwohl wir weder nach Paris noch nach Warschau wollten, bloß nach Braunschweig oder Charlottenburg. Unsere Pässe betrachteten Uniformierte, deren Arroganz durch die Tatsache relativiert wurde, dass sie lächerliche aufklappbare Bretter vor den Bäuchen trugen – als seien sie allzeit bereit zu einer Partie Mühle. Es waren aber nur Stempelunterlagen.

Dieses Marienborn war ein bedeutender Ort. An der Geschwindigkeit, mit der man hier abgefertigt wurde, ließ sich die weltpolitische Lage ablesen. Ließ man uns schnell durch, wussten wir, dass der Abschluss eines neuen Passierscheinabkommens bevorstand, oder, später, dass die DDR um die Erhöhung des zinslosen Überziehungskredits eingekommen war. Schikanierte man uns durch Kofferraumkontrollen, wähnten wir, Chruschtschow habe, von Kennedy verärgert, persönlich in den Blechhütten angerufen, um verschärftes Sächseln anzuordnen. An «unseren» Grenzhäuschen, in denen Polizisten träge dahindämmerten, forderten Tafeln auf, alles Ungewöhnliche zu melden.

Manchmal passierte auch Ungewöhnliches, aber nie uns. Wir lasen dann in der Zeitung, «in Marienborn» sei von «Zonenposten» ein Konvoi amerikanischer Soldaten aufgehalten worden, welche hier ihren Weg durch die DDR nach Berlin antraten, wie Raubtiere im Zirkus durch einen vergitterten Gang aus dem Käfig in die Manege trotten: mit leicht gebeugtem Haupt, mühsam gezügelter Wut, aber ohne Alternative.

Einmal, nur ein Beispiel, hielten die Sowjets einen Lastwagenkonvoi der Amerikaner 41 Stunden und fünf Minuten lang auf. Das war 1963, und die Befehle, die damals in Marienborn ankamen, stammten direkt aus Washington und Moskau. Die Sache war so: Immer wenn ein solcher Konvoi nach Berlin fuhr, legten die Westalliierten in Marienborn eine Liste vor, auf der die Zahl der Fahrzeuge und Soldaten sowie die Art der Ladung vermerkt waren. Dafür verzichtete die Rote Armee auf eine Überprüfung der Angaben, stempelte die Papiere und gab den Weg frei. Einmal aber machten die Amerikaner einen verhängnisvollen Fehler: 1961 stiegen 1500 Mann einer solchen LKW-Karawane aus irgendwelchen Gründen während der Abfertigung von den Autos. Das nahmen die Russen als Präzedenzfall und verlangten: So solle es nun immer sein. Harte Verhandlungen begannen. Die UdSSR wollte, dass alle Soldaten absäßen und sich zählen ließen. Die Amerikaner erklärten sich bereit, bei Transporten von mehr als 70 Mann die Soldaten herunterzubefehlen, aber nur manchmal und nicht, wenn es regnete. Die Briten ließen ab 40 Mann absteigen. Die Franzosen beförderten Truppen nur noch per Flugzeug.

Da schlugen die Sowjets zu und hielten den Konvoi des Oberleutnants John Lamb an, obwohl nur 20 Leute in den Autos saßen. Zwei Tage lang verlangten sie, die 20 sollten herunterkommen und sich zählen lassen. Zwei Tage lang lehnten Washington und Oberleutnant Lamb ab. Sie sollten wenigstens aufstehen, forderten die Russen. Ablehnung. Sie sollten die Ladeklappen herunterlassen, damit man die Sitzenden besser sehen könne, riefen die Rotarmisten. Auch abgelehnt.

Die USA setzten gemeinsam mit Briten und Franzosen ihre militärische Notfallplanung in Kraft, in deren Rahmen die Blockade der Ostsee und des Schwarzen Meeres vorgesehen war sowie als letztes Mittel auch der Versuch, sich den Weg nach Berlin freizuschießen. Botschafter tagten. Stäbe berieten. Alarm wurde gegeben. Schließlich entschloss man sich in Moskau, wegen der Zählung von 20 GIs in Marienborn lieber doch keinen Weltkrieg anzufangen. Ungezählt fuhren 20 Amerikaner von Marienborn nach Berlin. Die Freiheit des Westens war in Marienborn durch Sitzenbleiben verteidigt worden.

Ich wanderte nun über die Chausseen, es war wenig Verkehr, ein Sonntag. Ich erreichte die Autobahn, den alten Marienborner Kontrollpunkt. Die Autos rasen heute vorbei, aus dem Grenzübergang ist eine Gedenkstätte geworden.

Auf dem Parkplatz kam ich mit einem Mann ins Gespräch, der war so Mitte fünfzig, ein kleiner, dünner Kerl mit zwei blutigen Rasiernarben am schon faltigen Hals. Er stand wartend vor seinem Auto, wir redeten ein wenig, er sprach im gedehnten Tonfall der Gegend, erzählte von seiner Militärzeit in der Volksarmee, und dass man ihn dort für drei Jahre verpflichten wollte. Er habe das abgelehnt, obwohl man ihm gedroht habe. Anderthalb Jahre, keinen Tag länger, habe er gesagt, und so sei es auch gekommen. Nachteile habe er nicht gehabt, zunächst jedenfalls nicht. Später habe er das Abitur nachgemacht und studieren wollen, das sei dann nicht gegangen. So sei er Automechaniker geblieben.

«Ich war bei den Mot-Schützen in Schwerin», sagte er. «Wir waren für Hamburg zuständig.»

«Wie: zuständig?»

«Da hätten wir hinsollen. Wir sollten die Bundeswehr aufhalten, wenn sie angreift, und wenn's geht zurückjagen. Bis die Rote Armee kommt. Weit wären wir ja wohl nicht gekommen. Auf Deutsch gesagt: Kanonenfutter. Die Deutschen hätten sich gegenseitig totgeschossen, und der Ami und der Russe hätten das untereinander ausgemacht, das ganze Land.»

Er hatte diesen knochentrockenen Realitätssinn des kleinen Mannes, den ich aus meiner Kindheit kenne. Diese Art, in der vor Jahrzehnten ein Onkel über seine todkranke, dahinvegetierende Tante sprach, die er und seine Frau hingebungsvoll pflegten: «Was sollste machen? Totschlagen kannste se ja nicht.»

Ich dachte, dass ich auf der anderen Seite des Zaunes Soldat gewesen war, und dass in einem Krieg vielleicht dieser Mann mich erschossen hätte oder ich ihn. Aber dann sagte er, er sei während der «Tschechenkrise» Volksarmist gewesen, 1968, da war ich erst zwölf. «Da bekam jeder von uns 90 scharfe Schuss. Und die Offiziere waren so klein mit Hut. Jeder von uns hätte noch ein paar von denen mitgenommen, wenn er durchgedreht hätte, das wussten die natürlich.»

«Und: Drehte einer durch?»

«Nee.»

«Und das Leben jetzt?»

«Ich will mal so sagen: Früher, wenn du ein Schnitzel wolltest, hast du dir ein Schnitzel geholt. Gut, das mit den Bananen war nicht. Aber heute holst du dir Bananen, und wenn du dann ein Schnitzel willst, musst du schon wieder das Geld zählen.» Er drehte sich um und lehnte sich mit den Armen aufs Autodach. «Ich will die alten Zeiten nicht zurückhaben. Aber man kann sich ja mal unterhalten, nicht?»

Die Gedenkstätte besichtigte ich seltsam lustlos, ich weiß nicht, warum. Endlich konnte man mal in die Baracken blicken, in denen früher die Leute von der Staatssicherheit saßen, diese lächerlichen kleinen Baracken, in denen dein Pass auf überdachten Förderbändern von Kontrolle zu Kontrolle reiste. Das war es schon, was mich interessierte. Im Hauptgebäude schrieb ich aus den ausgelegten Examensarbeiten von Stasi-Offizieren Wörter ab:

Grenzstreckenabschnitt, Güterkontrollgruppe, Zugfertigsteller, Alarmgebender Mitarbeiter, Sperrschlagbaum, Kraftfahrzeugsperrgraben, Spurensicherungsstreifen, Ereignisortuntersuchung, Filtrierungstätigkeit, Verhaltensanforderung, Durchstrahlung, Übersteigsicherung, Fluchtverhinderung, Postensprecheinheit, Kontrollpassierpunkt, Geländeüberwachungsgerät, Streckmetallgitterzaun, Grenzsignalzaunanlage, Funkmessaufklärungsgerät, Vibrationsmeldungsgeber, Funkstrahlsignalgebersystem, Paßkontrolleinheit, Kontrollorgan, Schleuserfahrzeug, Schutz- und Sicherheitsorgan, Sicherungsgefährdeter Schwerpunktbereich, Paßannehmermappe, Betretungsordnung, Eingangskörperkontrolle, Mißbrauchshandlung.

Schadet nicht, diese Wörter hintereinander zu lesen, dachte ich. Überall, wo mehrere dieser Wörter an einem Ort zusammenstehen, wird es in Deutschland in der Regel gefährlich. Man müsste ein Museum für seelenlose, brutale Wörter einrichten und es Jugendgruppen zeigen.

Ich sah auf die Landkarte. Bis ins Dorf Marienborn waren es noch drei Kilometer. Übrigens: Wie viele Dörfer hier in der Gegend auf «-leben» enden! Man könnte ein Gedicht aus Ortsnamen machen:

Aschersleben, Oschersleben
Irxleben, Erxleben
Wasserleben, Eimersleben, Badeleben
Andersleben, Ausleben
Dreileben, Siegersleben
Dedeleben – Niederndodeleben?
Hohendodeleben!

Durch den Wald ging ich hinunter nach Marienborn, zuerst zum Bahnhof, der liegt ein wenig außerhalb im Wald. 1990 war ich schon hier gewesen, im Sommer, noch vor der Wiedervereinigung. Da

hockten in einem Wachhäuschen vier sowjetische Soldaten. Sie marschierten nach einer Weile davon, drei im Gleichschritt hintereinander, der letzte trug einen schwarzen Diplomatenkoffer, der vierte ging stumm daneben. So war das, als die DDR in den letzten Zügen lag.

Nun war das ein Provinzbahnhof, ohne Bahnhofsgebäude, mit zwei Bahnsteigen, einer für Züge Richtung Helmstedt, einer für die Richtung Magdeburg. Daneben eine Siedlung, Einfamilienhäuser mit Gärten, Stille, kein Mensch zu sehen, die Sonne war heiß an diesem Tag, und es war für Minuten ein Gefühl, als seien alle Menschen tot.

Das Dorf selbst lag einen Kilometer weiter hinter einem Wald. Mittendrin: eine große Rasenfläche, an deren Rand stand wie ein Tempelchen ein gelbes klassizistisches Bauwerk, an dessen Front die Reste der Worte «Florae et Pomonae» zu lesen waren, eine Widmung an die Göttinnen Flora und Pomona, die eine für den Frühling, die andere für den Gartenbau zuständig. Ein lieblicher Platz. Das Häuschen war mal Teil einer Orangerie gewesen, links und rechts hatte es zwei gläserne Flügel für schutz- und wärmebedürftige Pflanzen gegeben, alles nach Plänen von Schinkel gebaut, jawohl: Schinkel. Das hatte mir 1990 schon Frau Lohse erzählt, von ihr gleich mehr. Damals befand sich in dem Häuschen der Friseur «Chic», die «Kaltwelle komplett» kostete 42,45 Mark, ich notierte das. Die dorischen Säulen waren geborsten, einige Fenster zugemauert.

Nun war alles renoviert. Drinnen standen Tische und Stühle, wie in einem Café. Es war geschlossen.

Frau Lohse, ja, das war eine alte Frau. Sie hatte damals nebenan im Garten die Erde geharkt, und ich hatte sie angesprochen. Weil es regnete, hatte sie sich mit in mein Auto gesetzt und die Geschichte des Dorfes erzählt. Von den Zeiten, als der Ort noch «Mordthal» hieß und ein Hirte drüben im Wald ein Marienbild in den Wolken erblickte, welches langsam herabschwebte und in einem Brunnen versank. Als die Hirten am Abend ihre Schafe tränken wollten, wichen die Tiere zurück und weigerten sich zu saufen. Man deutete das Zeichen folgendermaßen: Solange das Marienbild im Brunnen liege, werde kein

Tier hier trinken, aber alle Kranken würden genesen. So wurde aus dem Mordthal eine Wallfahrtsstätte und aus dem Brunnen der «Born der Heiligen Maria», Marienborn.

Diesmal war herrliches Wetter. Ich setzte mich auf die sieben Sandsteinstufen vor dem Schinkelbau und erinnerte mich an das Gefühl, das ich 1990 hatte, hier: Als ob dies alles in einem langen Schlaf gelegen hätte und nun wieder erwachte. Das Gefühl eines Westlers. Die Leute hatten hier ja gelebt, zwar im Grenzgebiet, für alle anderen gesperrt, mit einer russischen Garnison nebenan und einer Siedlung für die Leute von der Staatssicherheit. Aber gelebt! Sie hatten in der Landwirtschaftlichen Produktionsgenossenschaft «Helmut Just» gearbeitet, die später «Auf Friedenswacht» hieß und noch später, als sie schon ganz heruntergewirtschaftet war, der LPG im benachbarten Harbke angeschlossen wurde. 500 Leute wohnten hier, für alle anderen tauchte der Ort aus der Geschichte auf wie aus dunklem Wasser. So war das Gefühl damals, und irgendwie war es immer noch da, und ich glaube, deswegen war ich gekommen: um zu spüren, ob es noch da war, dieses Gefühl.

Ich blickte auf den Schutt des abgerissenen Gutshofes, der im 19. Jahrhundert, der Blütezeit Marienborns, einer Familie namens Löbbecke gehört hatte. Ich sah das kleine Rathaus, das einmal Teil eines größeren Schlosses gewesen war. Ich sah die alte Kirche und das verfallende, leer stehende Pfarrhaus, von wucherndem Unkraut umgeben.

Aus dem Wald gegenüber kam eine alte Frau mit weißen Haaren, leicht gebückt ging sie und trug einen Plastikkanister mit Wasser. Frau Lohse? Nein, das war Frau Kiwitt, sie stellte sich vor. Frau Lohse sei krank, sehr sogar, ein Bein habe sie verloren. Das Wasser stamme aus der heiligen Quelle; sie trinke es und bereite Kaffee damit zu.

Wir gingen den Hang hinauf zur Kirche, ihre ältesten Teile stammen aus dem 12. Jahrhundert, auch der schöne, langsam verfallende Kreuzgang eines früheren Augusterinnenklosters gehört dazu. Frau Kiwitt schloss die Kirche auf, sie erzählte wie damals Frau Lohse, nein, es erzählte aus ihr, sprudelte Zahlen, Namen, Dorfgeschichte. Vom König von Ungarn, der hier einmal war, von Wallenstein und

Birkenweg

Napoleon, den Löbbeckes und den Schulenburgs, ja, Sophie von der Schulenburg habe 1783 das Pfarrhaus erbaut, nun stehe es seit drei Jahren leer, aber ein Architekt habe es gekauft und baue es zum Wohnhaus um. Und erst kürzlich sei ein Herr von der Schulenburg hier gewesen, er lebe als Mönch in Freiburg, sein Vater sei Fritz Dietlof von der Schulenburg gewesen, der gehörte zum Widerstandskreis um Stauffenberg und wurde 1944 in Plötzensee von den Nazis hingerichtet.

Mitten in Deutschland, dieser Ort, schon immer.

Der Altar sei von Riemenschneider-Gesellen gemacht, sagte Frau Kiwitt, nicht von ihm selbst, «seine Gesichter waren ja schmaler». Und man beachte doch, dass die Maria auf einem nur halb dargestellten Kopf des Herodes stehe, eine Verspottung, «der mochte ja keine Kinder». Marienborn sei die älteste Wallfahrtsstätte Deutschlands. Wenn Gottesdienst sei, kämen «an Glanztagen» fünf Menschen, an normalen nur zwei, Frau Lohse und sie.

Was sie zu DDR-Zeiten gemacht habe, frage ich, wie man sich das als Westler angewöhnt hat zu fragen, ohne dass man selbst je so gefragt würde.

Sie verwaltete am Bahnhof die Finanzen. Ihr Mann war Zugbegleiter für die Alliierten-Züge nach Berlin. Einmal habe man sie gefragt, ob sie für die Stasi arbeiten wolle, da habe sie gesagt, sie sei Christin – und: «Vom Verräter frisst kein Rabe.» Von dem Tag an sei sie geschnitten worden, aber die Arbeit habe sie behalten. Sie wolle nicht reden über die Zeit, lebe ja hier, und die anderen lebten auch noch. Nur so viel: «Man muss vergeben, aber vergessen kann man nicht.» Schreckliche Dinge seien geschehen, kein Wort.

Ich ging wieder zum Bahnhof. Ich wollte nach Halberstadt an diesem Abend, das war früher im Osten. Der nächste Zug fuhr nach Helmstedt, das war früher im Westen, der Grenzbahnhof. Ich dachte, vielleicht könnte man dort umsteigen nach Halberstadt.

Am Bahnhof in Helmstedt fragte ich einen Schaffner, der aus einem Intercity ausgestiegen war und auf die Weiterfahrt wartete, wie man mit dem Zug nach Halberstadt komme. Er wusste es nicht, war ja nur auf Durchfahrt. Aber er schaute mich erstaunt an und sagte … Also, ich schwöre, am Abend meines Ausflugs nach Marienborn, 13 Jahre nach der Wiedervereinigung, sagte dieser Schaffner am früheren Grenzbahnhof Helmstedt zu mir: «Sie wissen aber schon, dass Halberstadt im … äh, im anderen Teil Deutschlands ist?»

SKYMASTER

## Die Wirklichkeit

Nun gibt es hier schon Häuser, die weniger Fenster haben als Satellitenschüsseln. Wohin soll das führen? Wo soll es enden? Wäre es nicht Zeit, eine Bürgerinitiative zur Verteidigung der Wirklichkeit zu gründen? Oder besser: öffentlich-rechtliche Wirklichkeitsanstalten, die den Menschen gegen monatliche Gebühr originäre Erfahrungen vermitteln? Die Leute müssten dann alle täglich um die gleiche Zeit eine Stunde lang aus dem Fenster schauen. Oder sich miteinander auf Wiesen legen, hören und riechen und hinterher die Geräusche und Gerüche beschreiben. Das Tanzen lernen. Auf Schlachthöfen den Tieren in die Augen sehen.

## Ein Fensterputzer

Also, da war diese Kneipe, irgendwo in Berlin, es war so gegen fünf, und ich ging hinein. Da stand am Tresen ein kleiner Mann, so Anfang 50, trank ein Schultheiß und ließ das Leben stehen bleiben. Ich stellte mich zu ihm. Tat es ihm nach.

Er war Fensterputzer, das sagte er mir gleich. Oder jedenfalls war er Fensterputzer gewesen, bis zu jenem Tag, an dem die Gelenke in seinen Armen so zu schmerzen begannen, dass er sich nicht mal mehr auf die Theke stützen konnte. Das komme vom ewig kalten Putzwasser in den Eimern, hatte der Arzt gesagt und ihn krankgeschrieben. Sieben Monate war das her, aber gesund geworden war er nicht mehr.

Ein paar Meter weiter saß ein einsamer Mann an der Tresenecke, der war wohl schon länger da, hatte ein paar Biere getrunken, und als ich später ging, hockte er immer noch auf seinem Barschemel.

Wir tranken und schwiegen. Ab und zu hörten wir den Spielautomaten leise fiepen.

Dann ging die Tür wieder auf, und noch zwei stellten sich zu uns, beide im Blaumann, der eine jünger, so um die 30, mit stacheligen schwarzen Haaren, der andere schon mit grauem Kopf und einem Ring im rechten Ohr. Sie kamen von der Arbeit.

Zwei Bier, eins für jeden.

Sie begannen zu reden, alle miteinander. Über Chefs: der Fensterputzer, dessen Chef ein Mistschwein war, der Junge mit dem Stachelhaar, der einen guten Chef hatte, und der Graukopf mit dem Ohrring. Der war selbst Chef in seinem Zwei-Mann-Betrieb auf dem

Stammtisch
Charlottenburger
Pilsner
ENGELHARDT

Grundstück nebenan – aber was nützte ihm das? Man fühle sich doch nie wie ein richtiger Chef, sagte er, so wie sich vor 40 Jahren sein Chef zum Beispiel als Chef fühlte, als er noch Lehrling war und Bier holen musste. Sein Mann drüben ist faul und aufsässig, aber man kann ihn nicht mal rauswerfen, der wäre doch sofort beim Arbeitsgericht. «Wenn ick von meine zwee Biere hier zurückkomme, kiekt der mir frech an, als ob ick nischt arbeeten würde, die fette Sau, und hat sich selba Whisky rinjeschüttet.»

Pünktlich gehe der Kerl nach Hause, rief der Graukopf, und er müsse dann alleine schuften, 80 Stunden die Woche, darunter gehe es nicht. Sein schärfster Konkurrent sei Türke, und der, sagte Graukopf, «macht die janze Nacht durch mit seine Leute, zwee schlafen, zwee arbeeten, und nach zwee Stunden is' Wecken, und et jeht andersrum weita, und von det Jelde bau'n se sich 'n Hotel in Antonolien, oder wie det heißt.»

Vorn am Treseneck saß der Einsame und konnte nicht mitreden, weil er keinen Chef mehr hatte, schon lange nicht mehr. Er war Schlosser von Beruf, bevor er U-Bahn-Fahrer wurde, 15 Jahre lang war er bei den Verkehrsbetrieben, dann entließen sie ihn.

Warum?

«Immer im Tunnel!», rief er herüber. «Fümfsssehn Jahre Tunnel! Weeßte, wat ick meine?»

Er führte die leere Hand zum Mund, als hielte er eine Flasche darin, und machte die kippende Handbewegung, die er an diesem Tag schon hundertmal gemacht hatte, nur eben wirklich immer mit einer Flasche in der Hand.

Er trug eine Brille mit dunklen Gläsern, und es war, als habe er all die Jahre wirklich unter der Erde gelebt, als gebe es in Berlin eine geheimnisvolle Organisation, die Menschen fing und sie zwang, in Schachtsystemen unter der Stadt Sklavendienste zu verrichten. Und wenn die Leute nicht mehr konnten, wenn ihre Haut weiß war und ihre Augen blind wie die des grottenbewohnenden Axolotl, dann verstieß die Organisation sie, schubste sie ans grelle Tageslicht, und sie mussten sehen, wie sie zurechtkamen.

Der Mann trank Schultheiß aus der Flasche. Fassbier sei zu kalt für seinen Magen, sagte er. Seine Hand zitterte, und die Unterlippe war immer vorgeschoben, als erwarte sie das Ansetzen der Flasche, und als lohne es nicht, sich in den Pausen zurückzuziehen.

Der Junge mit den Stachelhaaren hatte noch kaum etwas gesagt. Jetzt warf er ein, er habe ein Gespräch mit seinem Chef gehabt, der habe ihm seine Wertschätzung ausgedrückt, und weil er neulich am Spielautomaten sage und schreibe 50 Euro gewonnen habe, sei er ins Geschäft gegangen und habe sich eine neue Arbeitshose gekauft. Er schaute auf den Fensterputzer hinunter, der ein kleiner Mann war und schon sehr kahl auf dem Schädel. Er sagte: «Wie alt wirste eijentlich? Dir wächst ja schon det Knie durch Kopp.»

Dieser Fensterputzer war 51, der Junge erst 30. Er war gerade zur Kur gewesen, zwei Monate lang, zum ersten Mal in 51 Jahren zur Kur. Der Kurarzt habe ihn am Ende gesundgeschrieben. Dabei musste er ihm acht schmerzstillende Spritzen geben am Tag!, das müsse man sich mal vorstellen, sagte er leise, acht Spritzen und dann gesund! Das hat ihn so empört, dass er an einen Abgeordneten schrieb, obwohl ihm das Schreiben wirklich nicht liege, sonst wäre er nicht Fensterputzer geworden, sagte er.

Der Doktor in Berlin hat ihn dann wieder krankgeschrieben, aber eine Antwort auf diese Frage habe er auch nicht gekriegt von dem, sagte der Fensterputzer, obwohl der Arzt irgendwas wisse, der wisse irgendwas, ganz sicher. Aber er sage es nicht.

Der Abgeordnete habe auch nicht geantwortet.

Er hatte 38 Jahre lang der Fensterputzerfirma gedient. Vor zwei Jahren aber habe der Juniorchef die Firma übernommen. Den habe er noch im Kinderwagen geschoben, als er ein Baby war, und jetzt habe der ihn in allen sieben Monaten, in denen er krankgeschrieben war, nicht ein einziges Mal angerufen. «Der kennt bloß Zahlen», knirschte der Fensterputzer und schniefte durchs linke Nasenloch, «nischt wie Zahlen, und det macht mir seelisch kaputt. Det Mistschwein!»

Manchmal schmerzte ihn ja auch noch das Kreuz so, dass er sich gerade mal so aus dem Bett rollen konnte. Dabei wusste er schon gar nicht mehr, warum er überhaupt aufstand. Früher stand sein Wecker auf halb vier morgens, jetzt blieb er bis acht liegen – und dann, was dann? Heute Morgen hatte er Rouladen geschmort, für sich allein, für wen denn sonst, seine Frau hatte ihn auch verlassen. Danach war er zum Alexanderplatz gefahren, um mal was anderes zu sehen, aber da kannte er ja auch jeden Stein, weil er immer zum Alex fuhr, wenn er mal was anderes sehen wollte.

Er war ein einsamer kleiner Mann, und Berlin ist eine Stadt, in der die Menschen immerzu strampeln und kämpfen; so war das schon immer. Eine Stadt, in der man sich von gewonnenem Geld eine neue Arbeitshose kauft – eine harte, kalte Stadt mit vielen Plätzen wie diesem hier, an denen man die Härte und die Kälte ein bisschen zu vergessen versuchte.

So gegen halb sieben sagte der Fensterputzer: «Ihr kennt mich doch schon fünf Jahre jetzt, mindestens, mancher von euch sogar schon zehn. Aber ihr kennt mich doch nicht wirklich.»

Die anderen beachteten den Satz nicht. Sie redeten weiter, und dann verabschiedeten sie sich: Der Stachelhaarige, weil seine Frau ihn abholte, eine junge, blonde, hübsche Frau. Und der Graukopf mit dem Ohrring, weil er noch zu arbeiten hatte. Nur der Einsame am Tresenende, der so lange in der U-Bahn gewesen war, der verabschiedete sich nicht. Der soff weiter.

Es war sieben Uhr, ich ging auch, stand noch ein bisschen unschlüssig auf der Straße herum und blickte dem Fensterputzer nach. Noch nie in meinem Leben hatte ich etwas so Trauriges gesehen wie diesen kleinen, kranken Mann, der in der Dämmerung schleppend die Straße entlang in seine Wohnung ging.

# Harry

Die Jahre des Booms und des Hypes, der täglich neuen Aktienrekorde und des großen, endlosen *Aufwärts!*, diese Zeit fand ich immer auf seltsame Weise verkörpert in einem Bekannten namens Harry.

Harry war ein bisschen älter als ich, so Anfang 50, um das Jahr 2000 herum. Er war eigentlich Schauspieler (irgendwie blieb er das auch sein Leben lang) und hatte sich jahrelang als Straßentheatermann durchgeschlagen, das ist ja übrigens heute weitgehend vergessen: diese große und oft recht gute linke Straßentheaterszene, die es in den sechziger, siebziger Jahren gab – da war Harry dabei, überall in Europa. Was ihm davon immer blieb, war eine einmalige Unterhaltsamkeit. Wenn Harry irgendwo auftauchte, konnte man sich auf ein paar wunderbare Stunden freuen, er imitierte Stimmen, erzählte Geschichten, spielte Szenen vor …

Zum Beispiel konnte er auf unglaubliche Weise sämtliche Geräusche einer Espressomaschine nachmachen, das Mahlen der Kaffeemühle, das Zischen der Dampfdüse, das Gurgeln des laufenden Kaffees, alles. Immer wenn man mit mehreren Leuten irgendwo zusammensaß und das Gespräch langweilig wurde, ins Leere lief oder eine Pause machte, konnte man die Sache wieder in Gang bringen, indem man Harry einfach bat, die Espressomaschine zu machen. Wenn man die Augen schloss, hatte man das Gefühl, gleich müsse ein Kaffee vor einem stehen. Nur der Geruch fehlte.

Als wir uns kennen lernten, war aber diese Theaterzeit längst zu Ende, jedenfalls war Harry nicht mehr Schauspieler, sondern hatte eine Stelle als Dramaturg an einem Stadttheater, entwarf dann eine

Zeit lang Gesellschaftsspiele für eine große Firma, ging schließlich zu einer Musikproduktion und machte sich am Ende als Berater in dieser Branche selbständig. Das war so in den Neunzigern, und ich glaube, es ging ihm finanziell eine Weile ziemlich gut. Jedenfalls fuhr er einen Mercedes SL, hatte ein eigenes Ferienhaus im Allgäu und rauchte, wenn wir uns trafen, in zwei, drei Stunden leicht auch zwei oder drei sehr gute Zigarren.

Er rauchte Zigarren so, wie man sie eigentlich nicht rauchen sollte, viel zu schnell und bis auf den letzten Rest hinunter. Ich glaube, das lag daran, dass er eigentlich Zigarettenraucher war, aber die Zigaretten hatte er aufgegeben. Mehr als den Geschmack und den Rauch und das Nikotin liebte er, glaube ich, sowieso die Pose des Rauchers, wie man überhaupt immerzu das Gefühl hatte, er lebe nicht einfach, sondern versuche sein Leben zu inszenieren.

Ständig hatte er neue Regieeinfälle. Einmal erzählte er mir wochenlang davon, dass er davon träume, mit seiner Frau noch ein Kind zu haben. Aber das Kind solle sie nicht belasten, er wolle selbst weiterleben wie zuvor, nur möchte er die Wohnung unter der seinen mieten und sie an eine italienische Familie weitervermieten. Nicht gegen Geld, sondern dafür, dass sie auf das Baby aufpassten, kochten und ihn ein bisschen unterhielten. Er wolle abends nach Hause kommen und mit diesen Italienern um einen großen Tisch sitzen, Pasta essen, die die Mamma gekocht habe und sich von ihnen italienische Lieder vorsingen lassen.

«Hättste das nicht auch gern?», fragte er.

«Klar», sagte ich. «Aber am Ende sind das doch lebende Menschen, sie gehorchen nicht deinen Anweisungen, und es passieren ganz andere Dinge, als du dir vorstellst.»

«Das muss man natürlich vorher alles vereinbaren.»

Solche Ideen hatte Harry.

Ein andermal erzählte er, er habe auf der Straße in München ein Auto stehen sehen, darin ein Zettel: «Zu mieten! Billig!» Dazu eine Telefonnummer. Die habe er angerufen, weil er tatsächlich für ein paar Tage ein Auto brauchte. Er sei dann in einen Wohnblock in der Nähe gelotst worden, dort in ein Apartment, auf dem ein riesengroßer Mann auf einem Bett schlief. An einem Schreibtisch saß eine hübsche junge Frau, die, als Harry kam, den Mann auf dem Bett weckte. Die beiden seien Russen gewesen, hätten aber passabel Deutsch gesprochen. Der Mann sei unglaublich müde gewesen, ein riesiger schwermüder Russe, der das Geld für das Auto – es war wirklich sehr billig! – für drei Tage im Voraus kassierte und ihm dann den Schlüssel gab.

Als er den Wagen wieder zurückbrachte, habe die Frau auf dem Bett gelegen und geschlafen und der Mann am Schreibtisch gesessen, vor einer Flasche Wodka. Ohne lange zu fragen, habe er ihm auch ein Glas eingeschenkt, die Frau sei irgendwann aufgewacht, und sie hätten dann den ganzen Abend zusammen in der Wohnung verbracht. Von irgendwoher sei eine Dose Kaviar zum Vorschein gekommen, ein großer Speck, Brot, Gurken – das hätten sie gegessen, dazu Wodka getrunken und aus Russland erzählt, dann Lieder gesungen, diese herrlich schwermütigen russischen Lieder.

«Sie können dir übrigens Kaviar besorgen, sehr billig», sagte Harry. «Willst du?»

«Warum nicht?»

Aber der Kaviar kam nie. Als ich Harry Monate später, als ich selbst ein Auto mieten wollte, nach der Telefonnummer der beiden fragte, sagte er: «Sie sind weg. Stell dir vor: ausgewiesen. Ich habe sie noch kurz zuvor einmal erreicht, dann nie mehr.»

Mir fällt ein, dass ich seine Frau nie kennen gelernt habe. Wir lebten ja nicht in der gleichen Stadt – er wohnte in Köln, ich in München – und trafen uns immer nur zu zweit. Er war sehr lange mit ihr verheiratet, sie hatten einen Sohn, er nannte ihn immer Billy, ich weiß gar nicht, wie er wirklich hieß. Wenn ich es recht sehe, neigte seine Frau ein wenig zur Melancholie, wenn nicht zur Depression und konnte jemand wie Harry gut brauchen zur täglichen Aufheiterung ihres stets umwölkten Gemüts.

Eines Tages meldete sich Harry bei mir: Ich möge bitte noch die Klappe halten, alles sei noch sehr geheim – aber schon bald werde er Geschäftsführer einer neuen Firma sein, einer Filmproduktion. Hinter der ganzen Sache stünde eine Gruppe von Investoren, die, wenn alles gut gehe, diese neue Firma in ein paar Jahren an die Börse bringen wolle.

Wenn ich heute daran zurückdenke … Vor kurzem traf ich einen Mann, der vor Jahren Inhaber einer der an der Börse erfolgreichsten New-Economy-Firmen war und im Zentrum einer rauschenden Erfolgsgeschichte stand. (Wenig später rauschte diese Geschichte genauso spektakulär wieder in den Keller.) Er erzählte von einem Erlebnis aus seinen besten Jahren. Damals fuhr er an einem Tag sehr oft mit dem Taxi. Und jeder Taxifahrer erkannte ihn! Als der dritte von ihnen sich überschwänglich bei ihm bedankte und erzählte, er habe vor kurzem Aktien seiner Firma gekauft und sie seien seitdem schon ganz wunderbar gestiegen – da habe er gewusst, dass es bald zu Ende sei mit dem Boom.

So ähnlich war es mit Harry auch. Wenn Männer wie Harry eine Börsenfirma übernehmen, denke ich heute, dann ist der Hype bald vorbei.

Er war einfach nicht der Typ, der gut mit Geld umgehen konnte, wissen Sie. Kaum hatte er den Job, kam er nach München, lud mich zum Essen in ein teures Restaurant ein und bot mir einen Vertrag an. Er zahlte mir einen unglaublichen Haufen Geld, nur damit ich mich an zwei Wochenenden mit ihm zusammen in sein Landhaus zurückzog und an der Entwicklung eines Filmstoffs mitarbeitete. Schon nach einem Wochenende fand er dann, wir hätten genug gearbeitet – und überwies mir das ganze Geld.

Es war mit Sicherheit das bestbezahlte Wochenende, das ich je hatte, und wahrscheinlich war es auch das lustigste. Keine Ahnung, wie Harry aus dem, was wir da zusammenspannen, je einen Film machen wollte. Aber das wusste er wahrscheinlich selbst nicht. Das Interessante war ja auch nicht, was wir da redeten, es war, wie Harry eigentlich die ganze Zeit für mich und für sich selbst den Filmproduzenten spielte, ja: Er *spielte* ihn. Als ob wir im Theater wären oder in einem Film.

Immer wenn wir eine Idee hatten, und war sie auch noch so banal, notierte er sie nicht, sondern holte ein winziges, silberglänzendes und wahrscheinlich himmelschreiend teures Diktiergerät aus der

Tasche und sprach aufs Band, was uns soeben eingefallen war. Er zog grundsätzlich nur die besten Schauspieler und Regisseure in Betracht, einmal rief er einen von ihnen sogar vom Telefon aus sofort an – ich bin bis heute nicht sicher, ob am anderen Ende der Leitung wirklich jemand war. Und zu alledem rauchten wir dermaßen viele Montechristos, dass wir uns vor lauter Qualm im Wohnzimmer seines Hauses gegenseitig kaum noch sehen konnten.

So verging der Samstag. Am Sonntagmorgen sagte Harry, er würde jetzt gern mit mir einen kleinen Ausflug machen: zu einem Haus, in dem er mit seinen Eltern einige Jahre gelebt habe und in dem er seither nicht mehr gewesen sei. Wir fuhren eine Dreiviertelstunde weit mit dem Auto übers Land, suchten und suchten und fanden schließlich irgendwo am Rand eines kleinen schwäbischen Dorfes ein idyllisch gelegenes altes Haus. Harry redete und redete, erzählte von den Jahren in diesem Haus und was sie für ihn bedeuteten. Wir gingen ein paarmal um das Haus herum, dessen jetzige Bewohner nicht daheim waren. Dann aßen wir irgendwo und fuhren zurück.

Ich erzähle das nur, weil ich, Jahre später, einen der besten und ältesten Freunde Harrys in Köln traf und ihm von der ganzen Sache erzählte. Er schwor Stein und Bein, Harry habe nie in diesem Dorf gelebt, er kenne ihn lange genug, das alles müsse er spontan erfunden haben, eine unmögliche Geschichte. Er habe sicher nur einen Spaziergang machen wollen und dann einfach diese Geschichte dazu erfunden, damit es nicht so langweilig sei.

Nach unserem gemeinsamen Wochenende hörte ich lange nichts von Harry. Ich ging meiner Arbeit nach, war auch einige Wochen verreist. Einmal besuchte ich ihn in Köln, wir tranken einen Kaffee zusammen in seinem Büro, ein sehr schönes Loft im ersten Stock eines ehemaligen Fabrikgebäudes übrigens. Eine Sekretärin saß einsam in einem großen Vorraum zu Harrys noch größerem Büro. Unter uns befand sich ein großes, ziemlich teures Restaurant. Harry telefonierte fast die ganze Zeit, und nach einer Dreiviertelstunde ging ich.

Dann kamen in den Zeitungen die ersten Nachrichten über den Niedergang der Börse. Die Kurse sanken und sanken, EM.TV schlingerte, Kinowelt wurde insolvent, Kirch ging Pleite. Einmal, nach

Wochen, rief ich ihn an und fragte, was denn geworden sei aus alledem, das wir uns ausgedacht hatten.

«Ein wunderbares Exposé!», krähte Harry ins Telefon. Er habe es an Schönmeier vom ZDF geschickt und auch bereits ein sehr positives Echo bekommen.

«Kannst du mir das nicht auch schicken?»

«Klar, mach' ich.»

Aber das Exposé kam nicht, auch nach zwei weiteren E-Mails von mir nicht. Ich resignierte.

Monate später rief ich Harry noch einmal an. Er sagte, er habe es eilig, er rufe zurück, rief aber nicht zurück. Als ich es ein paar Tage später noch einmal versuchte, war seine Stimme sehr leise. Er sagte: «Du glaubst nicht, was gerade passiert ist ...» Er atmete heftig durch.

«Was?»

«Ich habe keinen Job mehr.»

«Wie ist das gekommen?»

«Heute Morgen stand in unserer wöchentlichen Sitzung plötzlich ein Anwalt unserer Geldgeber in der Tür und sagte, er habe noch einen neuen Tagesordnungspunkt, den Tagesordnungspunkt eins, das sei die Verkündung der Einstellung unserer Geschäftstätigkeit. Darüber sei keine Diskussion vorgesehen, es handele sich nur um die Bekanntgabe eines Beschlusses. Zu mir hat er dann noch gesagt, ich könne natürlich auf einer Abfindung bestehen, aber dann werde er sofort zum Konkursrichter gehen, und ich bekäme null, gar nichts.»

Er schwieg. Ich ächzte leise.

«So ein Arschloch habe ich noch nie gesehen, so etwas habe ich noch nie erlebt», sagte Harry.

«Unfassbar!», sagte ich.

Zwei Wochen später telefonierte ich mit einer gemeinsamen Freundin. Sie erzählte mir, in Harrys Wochenendhaus im Allgäu sei ein Holz fressender Käfer aufgetaucht, es war ja so ein modernes Holzhaus, und der Käfer war offenbar beim Bau vor Jahren schon eingeschleppt, aber jetzt erst bemerkt worden. Die Firma hatte für solche Fälle keine Garantie abgegeben.

Sie lachte und sagte: «Er hat gesagt, er habe sich seit einer Woche kaum mit etwas anderem beschäftigt und gar nicht gewusst, dass man einen Beruf gar nicht brauche, man stehe eigentlich als Familienvater und Hausbesitzer auch so rund um die Uhr unter Strom.»

«Hat er dir erzählt, dass er seinen Job verloren hat?», fragte ich.

«Nein, was, er hat keinen Job mehr? Davon hat er nichts gesagt.»

Erst zwei Monate danach traf ich Harry in München, im Schumann's. Wir saßen da, wo wir immer gesessen hatten, wenn wir uns hier trafen. Aber alles hatte sich seltsam verschoben. Es war diese Zeit, als hier, wo sonst vom Erfolg stark parfümierte Bürger beieinander saßen, plötzlich von den Nachbartischen solche Satzfetzen herüberdrangen:

«Die sollen nicht glauben, ich hätte keine Angebote …! Ich habe noch meine Angebote, ich habe meine Angebote!»

«Glaubst du wirklich, dass sie uns den Hahn abdrehen? Ich meine, wir sind doch gut, und es bringt ihnen …»

«Stell dir vor, sie haben Schulze entlassen, das ist in all dem Elend doch noch einmal eine Freude, dass dieses Arschgesicht nun auch …»

Harry sah ein bisschen müde aus, seine glatten grauen Haare waren wie immer in der Mitte gescheitelt, aber ein bisschen länger als sonst. Er küsste mich zur Begrüßung auf den Mund, wie immer. Ich hatte das noch nie gemocht, aber ich konnte ihm nicht sagen, dass ich es nicht mochte, jetzt schon gar nicht. Verstohlen wischte ich mir die Lippen ab.

«Habe ich dir schon erzählt, dass Marie und ich uns getrennt haben?», sagte er.

«Auch das noch», sagte ich.

«Sie wohnt jetzt in unserem Haus im Allgäu.»

«Ist denn der Käfer da weg?»

«Ja, aber frage nicht …» Er machte eine reibende Bewegung mit Daumen und Zeigefinger der rechten Hand.

«Und du wohnst jetzt mit deinem Sohn zusammen?»

«Nein, er wohnt mit zwei Freunden in unserer Wohnung in Köln. Ich kriege Miete von den beiden, sonst könnte ich die nicht mehr halten.»

«Hast du überhaupt noch Geld?»

«Wenig.»

Er winkte dem Kellner und bestellte sich einen zweiten Malt Whisky und eine Montechristo.

«Und wo wohnst du jetzt?», fragte ich.

«In einem Zimmer neben meinem früheren Büro. Es gehört dem Restaurantbesitzer. Der hat da zeitweise immer irgendwelche Köche oder Kellner kurzfristig untergebracht. Jetzt hat er es mir gegeben. Aber direkt nebenan ziehen sich nachts nach der Arbeit immer die Leute aus dem Restaurant um, und morgens um sechs kommt eine Putzfrau und wirft die Waschmaschine für die Tischdecken an. Das sind kurze Nächte, sage ich dir.»

Wir schwiegen einen Moment.

«Weißt du, was einer von den beiden Jungs neulich zu mir gesagt hat, die jetzt mit Billy zusammen wohnen? ‹Sie können gern mal bei uns baden, wenn Sie wollen.› In meiner eigenen alten Wohnung!»

Es war früher Abend.

«Hast du eigentlich Hunger?», fragte ich.

«Nein, ich habe vorhin schon gegessen.»

«Ich nicht.»

Ich bestellte mir ein Käsebrot. Es kam sofort.

«Wenn du auch was willst», sagte ich und schob den Teller in die Mitte des Tisches.

«Nur mal probieren», sagte Harry. Zwei Minuten später war das Käsebrot weg. Ich hatte nur ein Eckchen davon gegessen, Harry den Rest. Seine Zigarre war unterdessen ausgegangen. Als er sich bückte, um aus seiner Tasche eine Streichholzschachtel zu holen, sah ich eine kahle Stelle auf seinem Kopf, darauf ein Pflaster.

«Stell dir vor», sagte er. «Ich habe den Mercedes verkauft. Stattdessen habe ich jetzt einen Fiat Punto, gebraucht. Und als ob ich nicht schon genug in der Scheiße steckte, fährt mir auf der Kreuzung in Köln einer rechts rein. Eine Art psychosomatischer Autounfall, was? Jetzt habe ich gar keinen Wagen mehr. Und die Wunde habe ich ohne Betäubung nähen lassen, das ist billiger.»

«Du bist doch krankenversichert.»

«Privat», sagte er. «Und wenn ich's nicht in Anspruch nehme, kriege ich eine Rückerstattung.»

«Das ist entsetzlich, alles.»

«Stimmt aber», sagte er.

«Was machst du jetzt?», fragte ich. «Findest du einen neuen Job?»

Er erzählte eine langwierige Geschichte von einem Drehbuch für eine Fernsehshow, an dem er jetzt arbeite. Ich kenne mich mit Fernsehshows nicht aus, verstand irgendwann nicht mehr, wovon er redete, ließ ihn aber weitererzählen. Ich dachte, während er redete, dass er sich auf unheimliche Weise auch in diese Situation wieder hineinsteigerte, als sei es eine Rolle, als müsse er das alles möglichst gut spielen. Als sei sein Leben ein Film oder ein Theaterstück, und er müsse es so dramatisch wie möglich machen.

Ich mochte ihn. Ich hatte mich mit ihm zusammen noch nie auch nur für eine Sekunde gelangweilt.

Er rief nach der Rechnung. Ich zahlte alles.

«Ich könnte ja immer noch als Espressomaschine arbeiten», sagte er, als wir gingen, und zischte wie eine Dampfdüse.

## Helga

Das war 1981. Ein Abend bei einem Freund, zehn oder zwölf Gäste waren da, alle Mitte zwanzig, und Helga war die Einzige, die schon ein Kind hatte, sechs Wochen war es alt. Der Weißwein kam gerade in Mode, und das Leben sah viel versprechend aus. Der Gastgeber war zehn Jahre später Chefredakteur, unter den Gästen waren zukünftige Filmproduzenten, Designer, Klatschkolumnistinnen, Schriftsteller. Ich glaube nicht, dass ich damals viel mit Helga geredet habe, aber ihre Stimme habe ich mir gemerkt. Sie sprach laut, schnell und selbstbewusst und hatte einen deutlichen hessischen Akzent.

Zehn Jahre später arbeitete ich an einer Reportage über die Armut von Menschen in München: Obdachlosigkeit, Sozialhilfe, Verschuldung in einer der reichsten deutschen Städte. Ich besuchte ein Caritas-Heim in München, um mit obdachlosen Frauen zu sprechen, saß auf einem Stuhl in einem Zimmer, wartete auf meine Gesprächspartnerinnen.

Die Tür ging auf, Helga stand da.

In die Stille hinein, die aus Verblüffung und Bestürzung entstand, sagte sie: «So sieht man sich wieder ...»

War ihr Mann nicht Taxiunternehmer? Und sie? Studierte doch ...

Wie man sich wiedersehen kann: Helga hatte da schon zwei Kinder, acht und zehn Jahre waren sie alt. Aber sie hatte sich getrennt von ihrem Mann. Sie warf ihn hinaus, es ging nicht mehr, sie konnte seine Passivität und Selbstsucht nicht mehr ertragen, seine Unfähigkeit zu emotionalem Engagement. Nie würde sie vergessen, was er ganz zuletzt sagte: «Du weißt schon, dass du mich aus dem Nest wirfst ...?!»

Aus dem Reihenhaus, in dem sie alle wohnten, musste sie ausziehen, es war nun zu teuer. Ihr Mann zahlte keinen Unterhalt; das Taxiunternehmen ging Pleite. 300 Zettel klebte Helga an Lampenmasten, gab Anzeigen auf, telefonierte mit Maklern – nichts. Allein erziehend? Zwei Kinder? Man rufe zurück.

Man rief nie zurück.

Sie hatte einen guten 30-Stunden-Job, einen verständnisvollen Arbeitgeber, die Kinder hatten sogar Plätze in einer Tagesheimschule – was half's? Es kam zur Zwangsräumung, und Helga saß auf der Straße, auf einem roten Küchenstuhl, der am Rand eines Bürgersteigs in Obermenzing stand, einem der Münchner Eigenheim- und Reihenhausstadtteile. Da heulte sie und wusste nicht, wohin. «Es ist ein Schock, geräumt zu werden», sagte sie, als wir im Caritas-Heim saßen. «Es war mein Urerlebnis überhaupt: Keiner auf der Welt will dich haben, du bist allein.»

Und wie schnell das gegangen war! Wie umstandslos geschwind: dieser Absturz aus sicherer Bürgerlichkeit tief hinunter ans Ende der Gesellschaft.

Im Caritas-Heim bewohnte sie nun ein kleines Zimmer, zusammen mit den beiden Mädchen. Da stand der rote Küchenstuhl, da wartete sie auf eine Sozialwohnung. Manchmal inserierte sie auch, vergeblich, das wusste sie schon vorher, aber man musste doch etwas tun. «Man versucht immer, alles zu verändern», sagte sie, «aber man merkt, dass es nicht zu verändern ist. Du bist ausgeliefert, du kannst aus eigener Kraft überhaupt nichts verändern.»

Gab es keine Freunde?

«Die haben mich fallen gelassen, oder sagen wir: Auf jeden Fall bin ich denen unheimlich, denen ich früher einigermaßen nah war.»

Nachbarn?

Das Heim stand in bürgerlich solider Gegend. Als eine von Helgas Mitbewohnerinnen gedankenverloren die Blumen im Garten nebenan betrachtete, sagte deren Besitzerin: «Da gibt's nichts zu stehlen.» Als eine andere Frau ihr Kind rief, schallte aus Nachbars Garten ein hasserfülltes: «Halt's Maul!»

«Was mir passiert ist, kann jedem passieren», sagte Helga noch. Das war es ja, was den Hass der Nachbarn erst erzeugte und warum mir ihre Geschichte im Gedächtnis blieb: dass es jedem geschehen könnte, fast jedem. Dass jeder Angst vor dem hatte, was Helga passiert war. Dass eine Scheidung, ein Unfall, eine Krankheit genügen, damit sich eine Falltür öffnet – und es geht bergab. Das Trauma einer Mittelstandsgesellschaft.

Ich hörte nichts mehr von ihr. Aber zwölf Jahre später will ich wissen, was geworden ist. Ich finde ihren Namen im Telefonbuch, kombiniert mit einer Firmenbezeichnung. Ich rufe an. Ein Anrufbeantworter. Ich erkenne ihre Stimme sofort wieder, die hessische Sprachfärbung, das schnelle Reden. Ich bitte um Rückruf, aber sie meldet sich zwei Wochen lang nicht. Und dann doch.

Sie habe, sagt sie, nach dem Verlust ihres letzten Jobs selbst eine Firma gegründet, aber die Sache sei nichts geworden, ihr gerade gegründetes kleines Unternehmen habe sie wieder aufgegeben. Es habe nicht funktioniert. Den Anrufbeantworter habe sie nicht mehr abgehört, einen anderen Job angenommen. Und nur beim Räumen des Büros den blinkenden Knopf am Apparat gesehen.

Wir treffen uns in einem Büroviertel am Stadtrand. Es ist nachmittags halb sechs, die Leute strömen aus den Büros zur U-Bahn, aber mittendrin steht sie, eine kleine, rundliche Frau in einem billigen, rosafarbenen Mantel. Wir gehen in ein Restaurant. Sie bestellt Pfefferminztee, trinkt aber kaum etwas. Das Restaurant ist leer, doch sie füllt es mit ihrer Stimme, erzählt von ihren Kindern, die jetzt 20 und 22 Jahre alt sind, setzt manchmal viel voraus (ich kenne ihre Kinder ja gar nicht), redet und redet.

«Lass uns der Reihe nach vorgehen», sage ich. «Was war, nachdem ihr im Caritas-Heim gelandet wart?»

Sie hatten eine Sozialwohnung bekommen, drei Zimmer, da wohnt sie jetzt noch. Aber ihre ältere Tochter wurde krank, bekam Allergien und Asthma, Reaktion auf das, was geschehen war. Helga selbst verlor ihre Arbeit, die Firma konnte die Gehälter nicht mehr zahlen, sie musste etwas Neues suchen. Jede Nacht lag das hustende, um Luft ringende Kind bei ihr, sie schliefen einfach zu wenig. Helga wurde selbst krank, verlor den Gleichgewichtssinn, eine Art Hörsturz war das, Stresskrankheit. Sie sei völlig hilflos gewesen, habe nur noch den Kopf starr gerade halten können, hätte ins Hospital gehört – aber wie, mit zwei Kindern? Tag für Tag führte ihre ältere Tochter, selbst krank, sie zum Arzt. Bis alles sich irgendwann besserte und sie wieder arbeiten konnte.

«Was bist du eigentlich von Beruf?», frage ich. «Ich habe es vergessen.»

Sie habe ihr Examen in Germanistik gemacht und eine Lehre als Marketingkauffrau abgeschlossen. Aber gearbeitet habe sie als Sekretärin, immer, auch jetzt.

Es sei schrecklich gewesen mit den Töchtern. Erst war die eine krank, dann die andere. «Es war nicht die Zwangsräumung, die das ausgelöst hat. Es war mein Verhalten. Ich konnte ihnen keine Sicherheit geben. Ich war selbst in Panik.» Die ältere sei schließlich eines Tages aufs Fensterbrett im vierten Stock geklettert und habe gedroht, hinauszuspringen. Da habe sie beschlossen, «sie wegzugeben», in eine therapeutische Wohngemeinschaft, «tagelang habe ich nur geheult deswegen». Das jüngere der beiden Mädchen blieb bei ihr, aber als sie 14 war, bekam sie Angst- und Panikanfälle, klammerte sich plötzlich an die Mutter, zitterte und schrie, sie wolle nicht sterben. Helga kannte das von sich selbst, immer wieder habe sie in jenen Jahren unter freiem Himmel das Gefühl gehabt, alles sinke auf sie nieder, sie könne nicht weg, nicht laufen.

Die Tochter landete in einer Klinik, dann – wie die Schwester – in einer betreuten Wohngemeinschaft. Später kehrte sie zu ihr zurück, da ist sie heute noch. Die Ältere blieb, wo sie war, zog als Sechzehnjährige in ein Haus mit sechs anderen Mädchen, immer noch regelmäßig betreut von Psychologen. Jetzt wohnt sie allein.

«Das ist doch der totale Kopfschuss, wenn ich das hier alles erzähle!», ruft Helga plötzlich, schlägt die Hände vors Gesicht, nimmt sie wieder herunter und sagt: «Aber es ist keine komprimierte Scheiße, es ist mein Leben.»

Zwischendurch gab es einen zweiten Mann, das war 1996. Er war 15 Jahre jünger, saß in einer Kneipe am Nachbartisch und nieste plötzlich. Sie wünschte «Gesundheit!», so kamen sie ins Gespräch. Er war Asylbewerber aus Sierra Leone, ein Schwarzer, ließ nicht mehr los, blieb einfach bei ihr, sie ließ es zu und heiratete ihn sogar, «nicht aus Liebe, aber wir lebten zusammen. Ich wollte zwischendurch auch noch Menschen retten», höhnt sie über sich selbst, «ich hatte noch nicht Probleme genug.» Als die jüngere Tochter krank wurde, «hing der Mann wie ein Klotz an mir. Ich hätte jemanden gebraucht, der mich in den Arm nimmt, das war er nicht.» Erst als er eine dauerhafte Aufenthaltserlaubnis erhalten hatte, ließ sie sich scheiden. «Wenn ich Menschen rette, mache ich es auch richtig.»

Er sei Taxifahrer geworden, sagt sie, aber nun wohl auf dem Weg nach England, zu einer anderen Frau.

Die Kinder wegzugeben, das sei das Schlimmste gewesen. Sie sei ja selbst ein weggegebenes Kind.

Warum?

Ihre Mutter habe die Familie verlassen, als sie, die jüngste Tochter von drei Kindern, 13 Monate alt war. Sie sei allein in eine andere Stadt gezogen. «Ich glaube heute, Mutter wollte sich von meinem Vater gar nicht trennen. Sie wollte, dass er um sie kämpfte. Aber er kämpfte nicht, er trennte sich einfach.» Das sei später auch ihre eigene Erfahrung mit Männern gewesen, in ihrem ganzen Leben. «Sie kämpfen nicht um einen, man wird immer allein gelassen.» Dieses Gefühl begleite sie, seit sie ein kleines Kind gewesen sei, genau dieses Gefühl: «Keiner will mich. Ich bin ganz allein auf der Welt.»

Helga sagt, fünf, sechs Jahre lang habe sie eine Psychotherapie gemacht, später auch zweimal eine so genannte Familienaufstellung, wie sie nach der Lehre des Therapeuten Bert Hellinger praktiziert wird. Andere Menschen stellen dabei die Familienangehörigen dar, werden in einem Raum je nach ihrem emotionalen Verhältnis zueinander aufgestellt: nah oder fern voneinander. Der Therapeut habe dann die Darstellerin ihrer Mutter aufgefordert, den Raum zu verlassen. Und der junge Mann, der ihren Vater darstellte, habe in diesem Moment spontan gerufen: «Und mein Herz geht mit dir!»

«Es war ein unglaublicher Moment», sagt sie. «Mir ist klar geworden: Der wollte sich auch nicht von ihr trennen. Er ließ sie nur einfach gehen. Er hat dann eine andere Frau geheiratet, meine Stiefmutter. Sie dachte, er liebt sie, aber er brauchte nur eine Frau für die Kinder. Sie waren alle sprachlos. Sie haben sich alle gegenseitig um das Leben beschissen.»

Die Eltern hatten sich im Krieg kennen gelernt. Der Vater war Offizier, die Mutter mit 19 Jahren Flakhelferin. Einen einzigen Tag kurz vor ihrem Tod habe es gegeben, da habe die Mutter von ihrer Kriegsgefangenschaft erzählt. Dass sie vergewaltigt worden sei. Dass sie eine Totgeburt hatte. Dass sie mit dem Vater, den sie im Dienst kennen gelernt hatte, zusammen in einem Auto geflohen sei.

Es sind Szenen wie aus einem tiefen Albtraum, die Helga dann schildert, unzusammenhängend, nur dunkle, traumatische Bildfetzen, die schrecklichsten sind ihr haften geblieben. Die Mutter habe von einer Frau erzählt, die sie im Vorbeilaufen auf der Flucht vor britischen Soldaten in einem Haus gesehen habe; die Brüste der Frau seien auf einen Tisch genagelt gewesen. Oder: Sie habe in einem Erdloch gestanden, zusammen mit einem fremden Mann. Der Mann sei erschossen worden, aber sie habe das Erdloch nicht verlassen können, 24 Stunden lang habe sie neben dem Toten gestanden, Körper an Körper.

Der Vater besaß eine Möbelfabrik in einer hessischen Kleinstadt, seit 100 Jahren in Familienbesitz. Gehobenes Bürgertum als Fassade, dahinter der blanke Schrecken.

«Eine Möbelfabrik?», frage ich. «Gab es nie eine Erbschaft, die dich gerettet hätte?»

«Ja, schon, aber ein Teil des Geldes steckte im Taxiunternehmen meines Mannes, und als er Pleite ging, war es auch weg. Später bekam ich noch mal etwas, aber nicht so viel, und damit habe ich meine eigenen Schulden tilgen können.»

Der Vater starb mit 57 am Herzinfarkt. Die Mutter heiratete, nachdem sie gegangen war, einen kriegsblinden Rechtsanwalt, «der nicht mehr seinen Mann stehen konnte», wie es immer hieß, auch das Folge einer Kriegsverletzung. Sie war Alkoholikerin und starb, 74 Jahre alt, an Krebs. Helga sagt, sie habe die Asche verstreuen lassen, «ich wollte kein Grab, ich wollte nie wissen, wo sie ist».

«Die sind doch letztlich alle an ihrer Sprachlosigkeit gestorben», sagt sie.

Helgas Eltern hatten drei Kinder. Helga war die Jüngste. Die älteste Schwester litt an einer Drüsenkrankheit, wurde nur 1,30 Meter groß und hatte den Körper eines Kindes. Mit 34 starb sie im Auto der Stiefmutter bei einem Unfall. Der Bruder war mit drei Jahren eine Treppe hinuntergefallen und seitdem geistig behindert; er stürzte 1971 aus einem Fenster: tot. Zwei Halbgeschwister gibt es noch aus der Ehe des Vaters mit der Stiefmutter: Die Schwester leide an multipler Sklerose, der Bruder habe zwei gescheiterte Ehen hinter sich, «ich glaube, er trinkt». Die Stiefmutter lebe noch, über 80 Jahre alt. Wenig Trost, nirgends. Helga ist, so gesehen, noch am besten davongekommen.

Sie ist jetzt 51. Manchmal hat sie die Vorstellung, alle diese Toten säßen oben im Himmel auf einer Wolke und seien glücklich – seltsam. Und manchmal sehe sie sich daneben sitzen.

Wie sie eigentlich hier unten im Leben Erfolg haben wolle, habe ihr Therapeut sie gefragt, «wenn du immer mit einer halben Arschbacke bei denen da oben sitzt». Das leuchtete ihr ein.

Es ist Viertel nach sieben. Das Pfefferminzteeglas ist nun doch leer. An den Tischen rundherum sitzen Leute und essen, aber Helga redet nicht leiser. Es mache ihr nichts aus, wenn die Leute ihre Geschichte hörten, sagt sie, es sei doch die Wahrheit.

Ihre Töchter hätten beide Abitur gemacht. Die Ältere beende demnächst eine Lehre als Einzelhandelskauffrau, das Asthma sei wieder weg. Die andere wolle Sozialpädagogik studieren. «Ich denke, es ist alles okay», sagt sie. «Hey, ich habe hier jetzt einen tollen Job gefunden, ich fahre mit dem Auto morgens in eine Tiefgarage, parke kostenlos, den Platz stellt die Firma. Und fahre abends wieder heim, zwischendurch macht mir die Arbeit Spaß. Ich bin sehr dankbar.»

Nur bleibe immer alles fragil. «Es konsolidiert sich nie, verstehst du?», sagt sie. «Gerade hat mein Exmann wieder die Unterhaltszahlungen für die Kinder eingestellt. Immer wenn du denkst, jetzt stehst du materiell mal auf halbwegs sicherem Boden, dann schwankt plötzlich alles wieder. Das macht mich ganz flusig.»

Und die Dreiecksgeschichten, davon kommt sie nicht los, sie hat ein paar gehabt in all den Jahren, immer Dreiecksgeschichten, seltsam, was? Auch jetzt hat sie eine Beziehung mit einem verheirateten Mann. Er wohne allein, aber von seiner Frau könne er sich nicht lösen. «Er hört mir zu, er ist in der Lage, meinem Denken zu folgen, das habe ich noch nie erlebt. Wir setzen uns wahnsinnig auseinander. Er teilt meine Neigung zum Esoterischen. Ich möchte ihn manchmal verlassen, manchmal auch nicht. Für mich ist es richtig. Ich muss lernen, nicht dauernd zu kontrollieren, nicht immer alles bestimmen zu wollen. Ich lerne jeden Tag: loslassen, fließen lassen. Vielleicht lerne ich Langsamkeit, ich mache doch immer alles so schnell, alles erledige ich sofort, deshalb arbeite ich immer zu viel und bin abends so erschöpft.»

Wir gehen. Sie muss zum Auto, nach Hause. Überschwänglich grüßt sie auf der Straße einen Kollegen, der sich auch auf den Heimweg macht. Ich gebe ihr die Hand.

«Es geht mir gut», sagt sie. «Es geht mir wirklich gut.»

# Lachen

Im ersten Stock des Sozialpädagogischen Bildungswerks Bielefeld liegen Broschüren aus: über das Seminar «Neue LebensPerspektiven: Vom Wunsch zur Wirklichkeit»; über «Haltgebende Körperarbeit», auch «Einzelsitzungen in Halte-Arbeit, Craniosacral-Arbeit, Heilströmen und Entspannungsmassage» sowie «Paar-Festhalten und Eltern-Aussöhnungsarbeit bei unterbrochener Hinbewegung»; über Bauchtanz für Schwangere sowie den «Wohlfühltag für Frauen»; über «Die Rückkehr zur Wilden Seele – Autobiographisches Theater für Frauen»; schließlich über den Qigong-Kurs «18 Bewegungen – Übungen der Chinesischen Heilkunst aus dem Lehrsystem von Prof. Sui QingBo».

Ich aber besuche übers Wochenende im Saal gleich nebenan das «Lachträning mit William».

Wir sind sieben, wir duzen uns und sitzen im Kreis: Agnes, Anne, Petra, Cornelia, Kathrin, Markus und ich. Die anderen sind Altenund Krankenpflegerinnen, Ergotherapeutinnen, Reiseleiterinnen, Bürokaufleute. Mit William sind wir acht. William ist 60 Jahre alt und heißt Wilhelm August Drucks. Aber «Lachen mit Wilhelm, mit August, mit Willi» – das hätte alles nicht gepasst, sagt er. «Mit William», das klinge gut. Seine Lebenspartnerin nennt ihn auch so.

William war bis vor zehn Jahren Exportkaufmann, dann machte er eine Ausbildung als «Psychologischer Berater», schloss Kurse im Geistheilen und in Selbsterfahrung an. Viermal lief er über glühende Kohlen. Dann kam, wie er es immer formuliert, «das mit dem La-

chen». Schon in der Firma früher hätten sie ja immer gesagt: «Wilhelm, du musst mal was mit Humor machen.»

Das macht er nun. William sagt: «Jeder weiß, dass Lachen gesund ist.» Dass es das Immunsystem aktiviere, Stress abbaue, Glückshormone kreisen lasse, Spannungen verschwinden mache. Aber wenn das so sei: Müsse man sich dann nicht unabhängig machen von äußeren Lachreizen? Von Witzen, Scherzen, Lustigkeiten? Müsse man nicht lernen, aus sich selbst heraus zu lachen? Ohne Anlass? Das könne uns nur nützen, denn, wie gesagt, Lachen sei die beste Medizin. Das Wort «Humor» komme ja übrigens aus dem Lateinischen, es bedeute «Feuchtigkeit», und darum gehe es doch: durch Lachen die Körperflüssigkeiten in Gang zu bringen, die «innere Fließfähigkeit».

Nun sollten wir uns mal mit Namen vorstellen, sagt William, und erklären, warum wir gekommen seien. Und am Schluss ein Geräusch machen, nach dem uns zumute sei. Er mache das mal vor, nicht erschrecken, bitte!

William Drucks springt von seinem Stuhl hoch in die Luft, reißt die Arme nach oben und schreit: «Jaaaaa!»

Ein bisschen erschrecken wir da aber doch.

Dann sagt Cornelia, sie sei gekommen, weil wir in einer Kultur lebten, in der wenig gelacht werde, und wenn das schon so sei, dann gehe sie eben in ein Seminar, um das Lachen zu lernen.

Agnes sagt, sie wolle mehr lachen im Leben, schon ihre Eltern hätten zu ihr gesagt, sie sei zu ernst.

Markus sagt, er sei schon zweimal bei Vorträgen von William gewesen, da sei sein Interesse erwacht. Wenn er ein Geräusch machen solle, dann folgendes: «Hi-Hi-Hi-Hi-Hi!»

Nun geht es los.

Wir beginnen mit einer Übung.

William sagt, wir sollten die Mundwinkel nach oben ziehen. Und dann auch noch die Augenbrauen. Und dann sollten wir mal die Arme nach oben strecken und dabei auch noch die Handflächen dehnen …

Na?

Das sei doch ein gutes Gefühl, oder?

Sein Vater habe ihn übrigens immer mit einer Anekdote aus seiner Soldatenzeit erheitert. Da sei der Hauptmann vor die Kompanie getreten und habe gerufen: «Wie lacht der deutsche Soldat!?» Und die Kompanie habe wie ein Mann gebrüllt: «Ha!»

So sollten wir es jetzt auch machen, nicht wie Soldaten natürlich, ganz zivil. Wir sollten dreimal die Arme nach außen reißen und jedes Mal «Ha!» rufen und beim vierten Mal mit den Armen weiter rudern und in Lachen ausbrechen, in ein langes, lautes, befreites Lachen.

Na ja, das ging so. Es ging vor allem, weil William selbst uns am lautesten etwas vorlachte, ein vorbildlich lautes und sehr vergnügtes Lachen.

William sagte, es komme darauf an, «die eigene Leichtigkeit zu entdecken», sich nicht vom Gewicht des Lebens nach unten ziehen zu lassen, sondern nach oben zu streben. Übrigens sei das alles in den Grundlagen nicht von ihm entwickelt worden, sondern von einem indischen Arzt namens Madan Katania. Der habe eines Tages morgens in einem Park in Bombay begonnen, Witze zu erzählen, um Leute zum Lachen zu bringen. Das habe ganz gut funktioniert. Aber eines Tages seien ihm die Witze ausgegangen. Und da habe er begonnen, Übungen zu entwickeln, mit denen man sich selbst zum Lachen bringen könne – und er habe entdeckt, dass Lachen aus einem selbst kommen könne. Dass man dazu keine äußere Anregung brauche. Das Lachen stecke in uns, es müsse nur heraus. Katania habe mittlerweile eine weltweite Lachbewegung gegründet, basierend auf Lachclubs überall.

William Drucks holt eine grüne Tafel hervor, auf der steht in gelben Buchstaben untereinander:

Hihihi
Hohoho
Hahaha

Ich muss an den Witz vom Fußballtrainer denken, der nach einem katastrophalen Spiel seiner Mannschaft in der Kabine einen Ball hochhält und sagt: «Männer, wir müssen ganz von vorn anfangen: Das hier ist ein Ball.» Schweigen. Dann meldet sich einer von hinten und sagt: «Können Sie ihn noch mal zeigen?»

Nun machen wir es so: Wir sagen laut «Hihihi» und klatschen dabei in die Hände, dann sagen wir «Hohoho» und klatschen gegen die Hände eines anderen aus der Gruppe, dann sagen wir «Hahaha» und drohen dem anderen spielerisch mit dem Zeigefinger.

Jetzt bin ich froh, dass wir in Bielefeld sind und mich hier keiner kennt.

Wir machen eine Übung nach der anderen. Wir üben das «aufschwingende Lachen», bei dem man die Hände vom Boden in den Himmel reißt und dabei in Lachen ausbricht. Wir machen den «Rasenmäher»: Dabei streckt man den linken Arm aus, tut mit dem rechten so, als reiße man die Anlasserschnur eines Motormähers und schreit dabei «Ra!». Das macht man dreimal, beim vierten: LACHEN! Wir machen das «Über-sich-selbst-Lachen», das ist wirklich komisch, wir stehen nach dem Mittagessen in einem Bielefelder Park und sollen über uns selbst lachen, es geht ganz leicht, acht Leute stehen im Kreis auf dem Rasen, lachen über sich selbst und können kaum aufhören. Ab und zu kommt ein Bielefelder Bürger vorbei und schaut verlegen zur Seite.

Hören Sie: Das hatte zwei Tage lang einige nervende und auch ein paar amüsante Momente. Wie alle Deutschen machte ja auch Drucks aus der Sache eine Grundsatzfrage, wies Mal um Mal darauf hin, dass die Ernsthaftigkeit der Welt überwunden werden müsse, dass die Heiteren sie eines Tages besiegen würden. Und wie ebenfalls alle Deutschen ging er die Sache so gründlich an, dass er uns sogar darauf hinwies, dass Menschen mit Herzproblemen oder Hämorrhoiden, auch solche mit Bluthochdruck und Bandscheibenvorfällen vorsichtig sein sollten mit dem Lachen, und dass es übrigens am Steuer eines Autos gefährlich sein könne, in Lachen auszubrechen.

Andererseits: Wo er Recht hat, hat er Recht. Irgendwie kann man einem tendenziell schlecht gelaunten Volk nicht oft genug sagen, dass das Hochziehen der Mundwinkel nicht nur die Folge guter Laune ist, sondern dass es auch gute Laune auslösen kann, bei einem selbst und bei anderen. Das muss man probiert haben, um es zu wissen. Sich selbst morgens im Spiegel eine Minute lang anlächeln!

Es wirkt, oder wenn ich es mal mit William Drucks sagen darf: «Ich weiß, wovon ich rede!»

Am Schluss lagen wir alle auf dem Rücken am Boden, jeder mit dem Kopf auf dem Bauch eines anderen. Und machten den «Lachteppich». Zehn Minuten lang lachten wir, es war das Albernste, das ich je getan habe, aber es war okay.

Vor allem bekam ich ein Gefühl dafür, was für einem Volk ich angehöre: einem irgendwie rührenden und bemühten, einem sehr ernsthaft auch an den Fragen der Heiterkeit interessierten Volk.

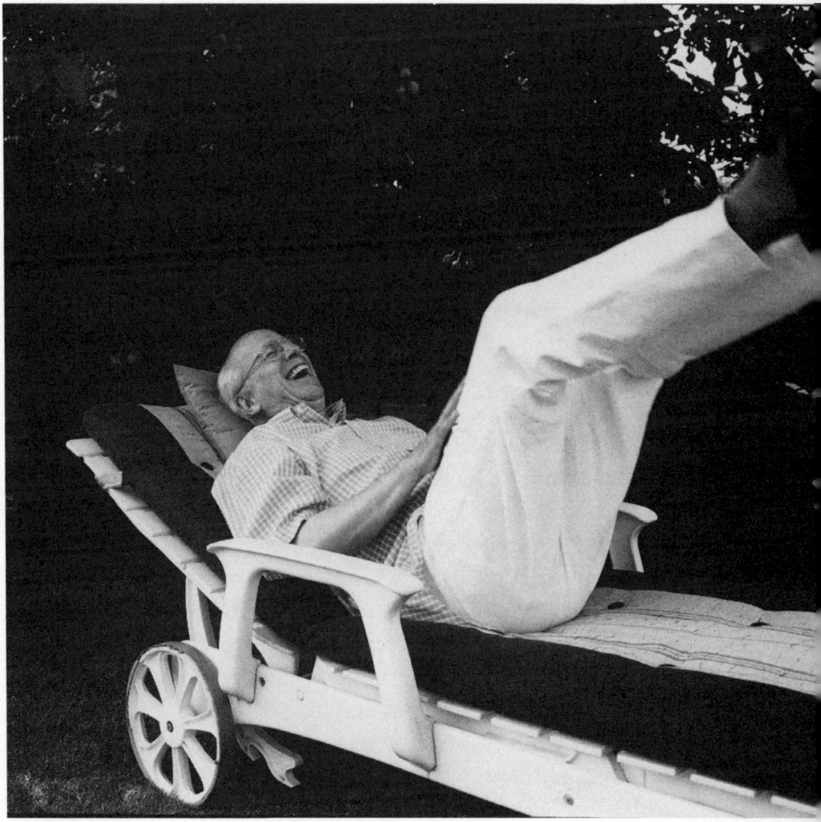

# Rassegeflügel

Man zieht also vom nördlichsten zum südlichsten Punkt Deutschlands eine Linie, eine andere vom westlichsten zum östlichsten Punkt. Wo sich diese Linien kreuzen, liegt Niederdorla: der Mittelpunkt Deutschlands, 30 Kilometer von Eisenach und der Wartburg.

Da gibt es das Hotel «Am Mittelpunkt», die Kegelbahnanlage «Am Mittelpunkt» und ein kleines Museum, unterhalten vom «Zweckverband Mittelpunkt Deutschlands». Zwischen diesen drei Gebäuden wäre Platz für eine größere Zahl von Reisebussen, aber es sind keine Reisebusse da, heute nicht und morgen auch nicht. Nur ein paar Angler sitzen unten am See, bei der Kaiserlinde, die 1991 gepflanzt wurde, eine Linde am Mittelpunkt Deutschlands. Neben ihr steht eine hölzerne Tafel, darauf steht: Die Nachricht, hier sei Deutschlands Mitte, «wurde der Gemeinde Niederdorla am 12. Oktober 1990 durch den Fernsehmoderator Hans-Joachim Wolfram übermittelt».

Übrigens befindet sich hier auch eine Kultstätte der Elbgermanen, welche ihren Göttern Speisen und Tiere und, leider, Menschen opferten. «Die Kultstätte», unterrichtet eine weitere Tafel den Fremden, «hat hohe Bedeutung auch für die Gegenwart und will der Wegbereitung für eine zukünftige Zeit des Friedens dienen.»

Am See ist es still. Nur der Verkehr rauscht auf der Landstraße. In einigen hundert Metern Entfernung grüßt wie eine weiße Burg das Einrichtungshaus «Möbel Jaeger».

Im Garten seines Einfamilienhauses sitzt Hans-Jürgen Laufer, Vorsitzender des Niederdorlaer Geflügelvereins von 1925. Er trägt eine grüne Arbeitshose, seine Hände sind schmutzig von der Arbeit, in seinen Augen stehen Müdigkeit, Interesse und Kraft, seltsam, alles zugleich. Im Gras liegt ein alter, nervenkranker Neufundländer, überall trippeln Hühner, Küken und kleine, leicht erregbare Hähne. In hohen Käfigschränken am Rande des Gartens leben Kaninchen, groß wie Dackel, fressen und denken melancholisch an Sex.

Laufer ist seit einem Jahr Vorsitzender des Geflügelvereins. Sein Vorgänger hieß Hünermund, kein schlechter Name für den Sprecher eines Geflügelvereins. Mehr als zehn Jahre stand Hünermund den Niederdorlaer Geflügelfreunden vor, dann gab es Streit. «Das ist ein ziemlich typischer Verein hier», sagt Laufer. «Es brodelt überall, dieser Generationenkonflikt. Früher war so ein Vorsitzender eine Institution. So einem Hünermund macht in der Zucht keiner was vor. Aber heute haben die Leute auch andere Informationsquellen.» Sie seien nicht mehr so fixiert auf die Hierarchien in den Vereinen, sie arbeiteten nicht mehr Pläne ab, die ja in der DDR auch Vereinen vorgegeben wurden.

Zu DDR-Zeiten hatte der Niederdorlaer Verein 30 «Zuchtfreunde», wie man sich unter Hühnerfreunden gegenseitig nennt. Heute sind es nur noch 13. Das liegt aber auch daran, dass vor 1990 Geflügel nicht nur aus Freude am Huhn *an sich* gezüchtet wurde, sondern «damit am Sonntag mal was Schönes auf dem Tisch war», wie Laufer sagt. Der Kaninchenzüchterverein, dem er auch angehört, produzierte in seinem besten Jahr zwölf Tonnen Fleisch. Das ist vorbei. Das kauft man heute im Supermarkt günstiger. Und alle, die nur aus diesem Grunde Kaninchen, Tauben, Hühner, Enten fütterten, verließen den Klub. Im Gartenverein, sagt Laufer, sei es nicht anders: überall Beete voller Kohlrabi und Möhren, Blumenkohl und Zucchini und dazwischen Gärten, in denen bloß Rasen wächst und Blumen. «Das sind die Alten, die das Gemüse anbauen», sagt Laufer. «Die Jungen wollen Erholungsflächen. Die kaufen Gemüse und Obst im Laden, warum sollen die sich die Arbeit antun?»

So verändert sich das Leben. Was in der Mitte und an den Rändern Deutschlands immer bleiben wird, das ist: der Verein.

Seit 1925 gibt es den Niederdorlaer Verein. Immer wechselten sich Krisen und große Zeiten ab. Man denke nur an das Jahr 2000, als sein

75-jähriges Jubiläum gefeiert wurde. «Ganz besonders», heißt es in der Chronik über diesen Tag, «freuten wir uns auch über die Gratulation und das Geschenk vom befreundeten Kleingartenverein ‹Schwarze Erde› Niederdorla – überbracht vom Vorsitzenden, Gartenfreund Günter Perz mit Gattin.»

Oder man denke an die Jahre 1986 und 1989, als die Niederdorlaer das «DDR-Hähnekrähen» der «Spezialzuchtgemeinschaft Bergische Kräher und deren Zwerge» ausrichten durften.

Das verlangt nun freilich eine Erklärung.

Denn was sind, erstens, Bergische Kräher? Zweitens: Und was sind «deren Zwerge»? Was ist, drittens, eine «Spezialzuchtgemeinschaft»? Und was ein «Hähnekrähen», viertens?

Also, zum Ersten: Bergische Kräher, das ist eine alte deutsche Hühnerrasse, mit schwarzem, kastanien- bis goldbraun gezeichnetem Gefieder. Sie zeichnet sich durch einen besonders langen Krähruf aus, über den es in Horst Schmidts *Handbuch der Nutz- und Rassehühner* heißt: «Der Hahn soll in einer tiefen Tonlage beginnen, langsam in der Tonhöhe steigen und wieder fallen. Am Schluss des Rufes erfolgt der so genannte ‹Schnork›, ein tiefes ‹A› beim Einatmen nach der langen Anstrengung. Verpönt sind heisere, krächzende Krährufe.» Dabei bleiben die Hähne dieser Rasse nicht stehen wie andere, sondern schreiten voran, senken den Kopf nach und nach, bis der Schnabel beim Ausklingen des Rufs fast am Boden ist.

Zweitens: Von den Bergischen Krähern gibt es, wie von vielen Hühnerrassen, auch eine Zwerghuhnvariante, das ist, laienhaft gesprochen, die Miniaturversion des Großhuhns.

Was war drittens? Ja, die «Spezialzuchtgemeinschaft» – das sind die Leute, die sich ausschließlich der Zucht dieser Tiere widmen.

Viertens nun das «Hähnekrähen». Da werden im ersten Morgenlicht die Krährufe der Hähne gemessen, bei den Bergischen Krähern die Länge (manche schaffen mehr als zehn Sekunden), bei anderen Rassen die Zahl der «Anschläge», wie oft sie also krähen, manche 124-mal pro halber Stunde.

So ist das. Und so war das. Und so wird das immer sein in Deutschlands Mitte wie an seinen Rändern. Leicht, sich darüber lustig zu machen. Doch steckt dahinter die Sehnsucht des Menschen, sich irgendwo im Leben wirklich auszukennen. Einen Platz zu finden, an dem man Bescheid weiß. Einen Ort zu finden, an dem man respektiert wird. Etwas zu wissen, das andere nicht wissen. Einem Ideal nachzustreben – und sei es, den Ruf des Bergischen Zwerg-Krähers zu pflegen.

Hans-Jürgen Laufer ist 41 Jahre alt. Er ist Gabelstaplerschlosser von Beruf, hat eine Frau und zwei Söhne. Schon immer hat er Tiere gehabt. «Der Mensch hat Launen, das Tier freut sich immer», sagt er. «Das Tier bringt Ruhe.» Er ist nun Vorsitzender des Geflügelvereins und Zuchtwart im Kaninchenzüchterverein. Er ist Preisrichter für Zwerghühner und für alle Kaninchenrassen, sogar in Kassel auf der Bundesrammlerschau (ja, die heißt wirklich so!) hat er den Tieren Noten geben dürfen. Die Querelen im Verein hat er beendet, da habe er jetzt «eine Linie drin, es wäre ja sonst ein Scherbenhaufen gewesen».

Wir sitzen im Garten und blättern in den Schriften des Bundes Deutscher Rassegeflügel-Züchter. Da gibt es einen Artikel über die «Rasse des Jahres 2003», die Zwerg-Yokohamas, fasanenartig schlanke Tiere mit rahmweißem Gefieder, rotbraunen oder lachsroten Brüsten und langen Hahnenschwanzfedern. Arno Beyrich aus Großolbersdorf im Erzgebirge, stand da, sei der «Wiedererzüchter» dieser Rasse gewesen, ohne ihn hätte es eine «Yokohamaverzwergung» nicht gegeben, «bereits in frühen Jahren setzte sich der Gedanke einer Verzwergung der Yokohamas in seinem Kopf fest». Weiter schwärmt der Autor: «Lassen Sie sich durch diese Information anstecken, und verfallen auch Sie dem Yokohama-Fieber. Wer diesem erst einmal verfallen ist, kommt ein Leben lang nicht mehr los von diesen schönen Zwerghühnern.»

Yokohamaverzwergung. Man liest das und bekommt nicht genug von diesen Wörtern, allein von den Namen der Rassen: Steinbacher Kampfgänse, Zwerg-Nackthalshühner, Deutsche Reichshühner, Berliner Langlatschige Tümmler, Bergische Zwerg-Schlotterkämme, Westfälische Totleger, Thüringer Barthühner (nicht: Brathühner!), Moderne englische Zwerg-Kämpfer – ach, nicht aufhören, bitte!

Und für alle gibt es Vereine und Sondervereine, und es gibt 30 Paragraphen einer Ehrengerichtsordnung, und das Bundesehrengericht hat drei Kammern, und es gibt «Richtlinien zur Durchführung der Bewertung von Eiern bei Rassegeflügelschauen», und es gibt auch die Satzungen und Bestimmungen des Verbandes Deutscher Rassegeflügel-Preisrichter. Und immer sind da lauter Vorsitzende, stellvertretende Vorsitzende, Kassierer, Zuchtwarte, Jugendwarte ... Immer sind da lauter Deutsche.

# Frau Loose

Mit Frau Loose, das war so: Ich kenne in Berlin eine alte Dame, die wohnte viele Jahre lang in Hermsdorf, das liegt im Norden der Stadt und gehörte, als die Mauer noch stand, zu Westberlin. Und Frau Loose, die lebte ihr ganzes Leben lang in Mühlenbeck, einem Dorf nördlich von Berlin, von Hermsdorf eigentlich nur durch einige Wiesen und das Tegeler Fließ getrennt, ein Flüsschen. Mühlenbeck gehörte nach dem Krieg plötzlich zur sowjetischen Besatzungszone, später dann zur DDR. Und es war von Hermsdorf nicht mehr durch Wiesen und einen kleinen Fluss getrennt, sondern durch eine Grenze.

Diese Grenze war 1953 aber noch ziemlich offen. Also marschierte Frau Loose eines Morgens von Mühlenbeck aus hinüber nach Hermsdorf, klingelte an der Tür des Hauses der alten Dame, die ich eingangs erwähnte (und die damals noch keine alte Dame war, sondern eine junge Frau) und fragte, ob sie nicht als Putzfrau arbeiten könne. Fortan kam Frau Loose, wie viele andere Frauen damals auch, vom Osten in den Westen, putzte und verdiente Westgeld.

Dann wurde die Mauer gebaut, und Frau Loose konnte nicht mehr kommen. Es dauerte mehr als zehn Jahre, bis sie eines Morgens wieder vor der Tür stand. Da durften nämlich Rentner plötzlich aus der DDR in den Westen reisen, und Frau Loose war Rentnerin.

Jedes Mal, wenn sie nun kam, schimpfte sie wie ein Rohrspatz über die Volkspolizisten, welche die alten Leute auf ihrem Weg nach Westen auf unwürdige Weise anzuschnauzen pflegten. Aus ihrem Dorf brachte Frau Loose taschenweise Taubenmist mit. Den gab es in

Mühlenbeck mehr als genug, und die alte Dame, die nun eine nicht mehr ganz so junge Frau war, konnte ihn für ihren Garten sehr gut gebrauchen.

Woche für Woche kreuzte also Frau Loose die Grenze, und Woche für Woche wartete sie darauf, dass die Grenzer ihr eine bestimmte Frage stellten. Sie freute sich auf diese Frage fast mehr als auf ihre kleine Westreise, bereitete sich darauf vor wie eine Schauspielerin auf ihre Rolle und legte all ihre Wut über die Demütigungen in der DDR in die Antwort. Jedes Mal, wenn sie in Hermsdorf eintraf, erzählte sie als Erstes, ob man ihr an der Grenze wieder diese Frage gestellt hatte. Wie der Grenzer dabei ausgesehen hatte. In welcher Intonation sie diesmal auf die Frage geantwortet hatte. Und wie die Reaktion auf ihre Antwort dann ausgefallen war.

Die Frage lautete, vom Grenzmann mürrisch hervorgeknurrt: «Wat hamse in der Tasche?»

Und Frau Loose, die von kleiner, stämmiger Statur war, blickte hoch und antwortete wahrheitsgetreu: «Scheiße.»

## In der Bundesanstalt

Tische, Stühle, Stempel, Ordner, Mappen, Locher, Hefter. Vorhänge in strengen Falten, ein Himmel voller Neon, Geometrie auf Pullovern, in denen Männer stecken.

Das Foto sei in der Bundesanstalt für Arbeit aufgenommen worden, sagt man mir. Ich fand es in einem großen Stapel mit Bildern über Deutschland. Wochenlang habe ich es in meiner Nähe liegen, immer wieder schaue ich es an und denke: Warum hast du das Bild wochenlang in deiner Nähe liegen? Warum schaust du es immer wieder an?

Das Bild erinnert mich an meinen Vater. An eine Szene mit meinem Vater.

Wir saßen zu Hause am Tisch. Wir hatten gegessen, meine Mutter war in der Küche, der Tisch war abgeräumt, aber es standen noch da: ein Salzstreuer, eine Pfeffermühle, eine Zuckerdose, ein Zahnstocherbehälter, aus irgendeinem Grunde auch ein Zettelkasten und ein Kugelschreiber. Wir redeten über die Dinge, die meinen Vater bewegten, als er alt war: die Eigentumswohnung, in der sie nun lebten, nachdem sie das Haus verkauft hatten; den Hausverwalter, der schlampig arbeitete; den rücksichtslosen Nachbarn, der sein Auto auf Parkplätze vor der Wohnanlage stellte, die nicht ihm gehörten, und der sogar parkte, wo kein Parkplatz vorgesehen war.

Während mein Vater redete, ordnete er mit den Händen die Gegenstände auf dem Tisch. Er stellte den Salzstreuer, die Pfeffermühle, die Zuckerdose und den Zahnstocherbehälter in eine Reihe, postierte davor, wie einen Unteroffizier vor einem Trupp Soldaten, den Zettelkasten und legte quer dahinter den Kugelschreiber. Dann lagen seine Hände ruhig auf dem Tisch.

Ich ärgerte mich, dass er nicht fragte, wie es mir gehe in der fremden Stadt, in die ich gerade gezogen war, ob ich eine Freundin habe, ob ich glücklich sei. Dass er mich nie in meinem Leben so etwas fragte, sondern immer nur von den Oberflächlichkeiten des Daseins sprach. Und während ich mich ärgerte, nahm ich langsam den Salzstreuer aus der Reihe, kippte die Pfeffermühle um, nahm den Deckel von der Zuckerdose, legte ihn beiseite, kritzelte mit dem Kugelschreiber etwas auf einen Zettel.

Sofort regten sich die Hände meines Vaters. Er stellte den Salzstreuer wieder an seinen Platz, richtete die Pfeffermühle auf, tat den Deckel wieder auf die Dose ... Er stellte seine Ordnung wieder her.

Ich spielte mit dem Salzstreuer, stellte ihn an anderer Stelle wieder ab – er postierte ihn zurück. So kämpften wir eine Weile, während er redete. Dann gab ich auf. Ich begriff, dass ich ihn quälte, und machte Schluss.

So war das. Und warum war es so?

Mein Vater war Jahrgang 1920, wurde mit 18 Soldat und war es, bis der Krieg zu Ende ging. Da fehlte ihm aber ein Auge, ein Granatsplitter hatte es zerstört. Das fehlende Auge wurde durch ein Glasauge ersetzt, welches er sich abends aus dem Kopf klaubte und in eine Schale mit Borwasser legte, die im Bad vor dem Spiegel stand. Wann immer ich nachts das Bad betrat, glotzte aus der Borwasserschale das Vaterauge. Schlief mein Vater mittags im Sessel ein, so schloss er nur das gesunde Auge, denn über das gläserne schlüpfte kein Lid. Also starrte es aus dem Schlafenden heraus auf mich, der ich vorbeihuschte, um den Schnarchenden nicht zu wecken.

Am Bein hatte mein Vater eine weitere Kriegsverletzung. Die Haut sah dort aus wie die faule Stelle eines Apfels, braune, manchmal auch rot entzündete Haut an einem sonst intakten Bein, das er mit einer fleischfarbenen Elastikbinde umwickelte. Das verschaffte ihm Linderung seiner Schmerzen. Er ächzte oft: «Das verfluchte Bein!» Es hing mit dem Wetter zusammen, ob es schmerzte oder nicht. Später erfuhr ich, dass Läuse an einer Schusswunde gefressen hatten. Sie heilte deshalb nie. Vater trug den Rest seines Lebens den Krieg als offene Wunde mit sich, die mal schmerzte, mal nicht. Ich wusste als Kind nicht, was da war an seinem Bein. Ich sah nur feucht und ledern schimmernde braune Faulhaut, bevor er sie zudeckte mit einer Bandage.

Mein Vater redete oft vom Krieg. Ich hörte ihm nie zu. Er redete von der Kameradschaft unter Soldaten, vom Schlamm, durch den die Pferde Kanonen zogen. Von der Kälte Russlands. Er redete in der Art von Menschen, die etwas erzählen wollen, ja, erzählen müssen, doch nicht wagen zu erzählen, worum es in Wahrheit geht – und deshalb immerzu drum herum reden. Einmal, da war ich Mitte 20, fragte ich, mitten hinein in seinen Redefluss, wie es gewesen sei, wenn man jemanden erschoss. Was für ein Gefühl? Er schwieg. Dann sagte er: «Im Krieg hat es natürlich Dinge gegeben, die nicht sehr schön waren.» Danach schwieg er wieder, und ich fragte nicht weiter.

Nie habe ich gewagt, in ihn zu dringen. Ich habe mich gefürchtet vor dem, was passiert wäre.

Mein Vater war kein Nazi. Sein Vater, mein Großvater, wählte sozialdemokratisch. Nach dem Krieg trat er in die SPD ein, wurde Dorfbürgermeister. Mein Vater wählte immer SPD. Er war zwei Jahre jünger als Helmut Schmidt und verehrte ihn, wie er auch Willy Brandt verehrte.

Was ihn schweigen ließ, begriff ich erst, als ich – Jahre später – Remarques *Im Westen nichts Neues* las: über das Grauen, das junge Männer im Ersten Weltkrieg erlebt hatten, als Täter und Opfer. Ich las einiges auch über das Buch, über die Briefe, die Remarque von Kriegsteilnehmern bekommen hatte, in denen sie berichteten, wie sehr das Buch sie von der Last des Schweigens über die Gräuel befreit habe – dadurch, dass jemand diese Gräuel in aller Klarheit schilderte. Ich las, dass Remarque selbst sagte, er habe zwar die Wahrheit über den Krieg geschrieben, aber nicht die ganze, nur einen Teil, einen kleineren bloß. Die ganze Wahrheit habe er nicht schreiben können.

So war das mit meinem Vater: Tief in ihm war eine Wahrheit begraben, von der wir nichts erfuhren. So war das mit vielen Männern. In der Straße, in der ich aufwuchs, waren fast alle Männer

Soldaten gewesen, fast keiner von ihnen war ohne Kriegsverletzung. Ich wuchs unter Männern auf, die nicht komplett waren. Dem einen fehlte ein Arm, dem anderen ein Bein, der dritte hatte so etwas wie ein Loch im kahlen Schädel, das nur von zartfleckiger, sich nach innen beulender Haut überspannt war. Allein drei Blinde lebten in der Nachbarschaft, blicklose Männer mit schwarzen Brillen. Einer von ihnen wurde jeden Morgen von seinem Sohn zum Bus geführt; es war seltsam, eigentlich müssten Väter ihre Söhne führen, aber zu dieser Zeit führten die Söhne die Väter. Ein anderer Mann hinkte stark; er ging am Stock, und wenn er zu Hause war, verbrachte er die meiste Zeit in einem von innen verschlossenen, abgedunkelten, mit Jalousien vor der Außenwelt verborgenen Raum, in dem er der Amateurfunkerei nachging. Er stand mit der Welt in Kontakt – nur mit seiner eigenen Familie kaum.

In diesen Männern, von denen ich spreche, wohnte eine wilde, durch den Krieg entfesselte Angst, die sie Tag für Tag niederkämpfen mussten. Die sie in sich eingekerkert hatten. Sie waren wandelnde Gefängnisse ihrer Angst, Tag und Nacht passten sie auf diese Angst auf. Angst vor dem, was war. Was sein könnte. Angst auch vor sich selbst. Vor der eigenen Schuld.

Mein Vater beruhigte seine Angst durch Ordnung. Er leitete eine größere Verwaltung. Er war berühmt für sein enzyklopädisches Wissen über den Verbleib jeden Gegenstands, jeder Akte, jeden Vorgangs, für den seine Verwaltung zuständig war. Jeden Abend, wenn der «Tagesschau»-Gong erklang, baute er alle Uhren unseres Hauses vor sich auf, stellte sie, zog sie auf, und wenn eine Uhr fehlte, wurde er unruhig und suchte sie. Er war am liebsten zu Hause, verreiste im Urlaub selten, und wenn doch: nicht weit und möglichst immer an denselben Ort.

Es war ihm unmöglich, irgendeinen spontanen Entschluss zu fassen und umzusetzen. Am liebsten saß er in einem Sessel und blickte vor sich hin. Er hatte weniger Angst vor dem Tod als vor dem Leben.

Überall, wo er war, musste er sofort Ordnung herstellen, seine Ordnung, auch am Esstisch neben seinem Sohn.

Er war kein Mann ohne Gefühl. Er war sogar ein Mann mit viel Gefühl, aber weil Gefühle nicht allein zu haben sind, weil sie zusammengehören, weil Liebe und Hass an die Angst gekettet sind wie eine Boje an ihren Stein auf dem Meeresgrund, spürte man davon wenig. Einmal, zur goldenen Hochzeit seiner Eltern, musste er eine Rede halten. Er brach in Tränen aus und brachte sie schnell zu Ende. Er hatte berührt, was in ihm eingefroren war.

Staunend hörten wir Kinder nach seinem Tod die Geschichten seiner Freunde, die erzählten, was für ein Kerl er vor dem Krieg gewesen sei, für jeden Spaß zu haben, Tambourmajor in der Vereinskapelle, allen voranmarschierend, den Majorsstab schwenkend, in die Luft werfend, wo die Sonne sich in der Kugel an seinem Ende spiegelte. Ihn wieder fangend.

Vorbei. Was blieb, war ein Mann, am Leben gehalten durch Ordnung. Und weil viele Männer so waren, und weil sie nach dem Krieg darangingen, das letztlich von ihnen selbst Zerstörte wieder aufzubauen, weil ja auch von ihrem Lebensgefühl vieles in ihren Kindern weiterexistiert – aus diesen Gründen ist diese Art von Ordnung zu einem konstituierenden Element dieses Landes geworden: die bisher so wunderbar funktionierenden Sozialversicherungen, die Arbeitsverwaltungen, die soziale Marktwirtschaft – alles Ordnungen, in denen sich die Deutschen zu Hause fühlen, weil sie es waren, mit denen sie nach dem Krieg ihre Angst in Schach hielten.

In anderen Ländern mögen die Geschichte, die Ideale der Verfassung, die Musik, Literatur, Kunst für ein Gefühl von Geborgenheit im eigenen Volk sorgen. Die Deutschen haben stattdessen ihre Systeme. Ihre Ordnung.

Deshalb ist der Status quo in Deutschland so beliebt. Er gehört zur nationalen Identität. Wer in anderen Ländern die Rentenversicherungen, die Gesundheitspolitik, die Sozialämter reformieren will, der rührt an Interessen. Das tut er in Deutschland auch. Aber hier geht es immer um mehr – um eine große, alte, ererbte Angst, die man in diesem Bild geradezu sehen kann, und die man in diesen Jahren überall spürt – auch wenn man weiß, dass sich was ändern muss.

# Nick di Camillo

Wir kommen zur Geschichte der ersten Pizzeria auf deutschem Boden. Wir kommen zu Nicolino di Camillo.

Nicolino di Camillo wurde 1921 in dem kleinen italienischen Dorf Villa Magna geboren, das ist in den Abruzzen, den Bergen bei Pescara an der Adria, östlich von Rom. Sein Vater betrieb mit Hilfe eines Eselskarrens einen Schuhhandel. Bruder und Schwester dieses Vaters waren, weil es hier nicht viel zu verdienen gab, nach Philadelphia ausgewandert. Der Vater wollte nachkommen, aber das ging nicht. Seine Mutter, Nicolinos Großmutter, verbot es ihm. Sie wollte nicht alle Kinder an das große Amerika verlieren.

So kam Nicolino nicht in Philadelphia, sondern in den Abruzzen zur Welt. Aber die Amerikaner sollten dennoch sein Leben entscheiden.

Nicolino, das ist: der kleine Nicola, Nicolchen. Er wuchs heran, wurde Verkäufer für Herrenbekleidung, dann Soldat, zog nach Russland. Als er zurückkehrte, war Italien am Boden. Es gab keine Arbeit. Glücklicherweise hatte Nicolino bei der Armee den Führerschein gemacht. Er fand einen Job bei den britischen Soldaten in Ancona, ein bisschen nördlich von Pescara. Er fuhr Lastwagen, transportierte Ersatzteile und Reifen nach Salzburg, München, Nürnberg.

Eines Tages, 1946, wurde die Einheit, für die er arbeitete, nach Norddeutschland verlegt, in die nunmehr britische Zone. Nicolino zog mit. Aber er blieb in Nürnberg hängen, wo die US-Army war. Er wurde Küchengehilfe bei der 777$^{th}$ Head Quarter Battery; am 31. März 1946 war das, er hat die Arbeitsbescheinigung bis heute aufbewahrt.

In Nürnberg traf er einen Mann namens Silvio Coletti, der arbeitete für die *Special Services* der Amerikaner, die Truppenunterhaltung. Colettis Vater stammte aus den Abruzzen und war nach Amerika ausgewandert. Silvio sprach deshalb Italienisch mit dem gleichen Akzent wie Nicolino, eine Tatsache, die Italiener in der Fremde stets sofort sehr eng verbindet. Dabei war Coletti gar kein Italiener mehr, sondern Amerikaner. Aber er gab dem Mann aus dem Süden sofort Arbeit.

Nicolino hieß jetzt Nick.

Er transportierte Filmrollen zwischen den Kinos der Army in Franken hin und her, manchmal fuhr er auch Teilnehmer an den Nürnberger Prozessen zum Gericht. Coletti eröffnete einen *Country Club* für die Soldaten in Fürth. Dort wurde Nick *Doorman;* er begrüßte die Gäste, brachte sie zu ihren Tischen, rückte die Stühle zurecht.

Überall arbeiteten hier Amerikaner, die aus Italien stammten, und Italiener, die aus Italien gekommen waren, Valerio aus Turin zum Beispiel – der war in der Küche. Es gab Steaks im *Country Club*, aber vor allem gab es Pasta und Pizza, die waren an der Ostküste der USA damals schon ziemlich populär, nicht so im Westen. Die vielen eingewanderten Italiener waren ja meistens schon im Osten hängen geblieben, in New York, Boston, Philadelphia, Chicago, und hatten dort Lokale eröffnet.

Nick di Camillo sagt, auch er habe jetzt immer mehr daran gedacht, ein Restaurant zu eröffnen. «Der Gedanke ist mich immer in Kopf gekommen», sagt er. Er spricht bis heute ein bisschen gebrochen Deutsch, streut Italienisches ein – die Mischung, die Deutsche an Italienern so lieben. Außerdem spricht er oft Englisch, fast 60 Jahre nach seiner Ankunft in Deutschland immer noch englisch.

Es war aber nicht möglich, so ein Lokal zu besitzen. Den Amerikanern war Fraternisierung verboten, sie durften nur ihre eigenen Restaurants besuchen.

1950 lernte Nick eine Deutsche kennen, Janina Schmitt. Die war damals 18 und Tänzerin an der Oper in Nürnberg. Er sprach sie an, doch sie ging einfach weiter, beim ersten Mal jedenfalls – später dann nicht mehr. Janina Schmitt sagt, sie habe damals noch nicht an Männer gedacht. Und dann – ein Italiener! Nick sprach ja damals kein Wort Deutsch. Sie redeten schließlich englisch.

Heute benutzen sie untereinander dieses Kauderwelsch aus Deutsch, Italienisch, Englisch. Sie sind seit 50 Jahren verheiratet.

Janina Schmitt hatte Englisch in der Schule gelernt. Sie stammte aus Würzburg. Als die Stadt am 16. März 1945 durch Bomben fast vollständig zerstört wurde, flüchtete sie mit ihrer Mutter aufs Land, zuerst nach Randersacker, dann nach Ochsenfurt. Sie saß auf einem Ochsenkarren, Tiefflieger griffen immer wieder an, alle mussten sich in den Graben werfen. In Ochsenfurt ging sie eine Weile zur Schule, schlief bei einer Tante. Sie war 13 und lag schon im Bett, als man sie eines Abends herausholte: Die Erwachsenen konnten kein Englisch, aber vor der Tür stand ein Amerikaner. Er war riesengroß und schwarz, und niemand verstand, was er wollte. Janina war klein und in ein weißes Laken gewickelt, sie zitterte am ganzen Leib.

Der Soldat sagte, er benötige *hot water* für seinen Tee.

«Er will nur heißes Wasser, nur heißes Wasser», stammelte Janina.

Der Soldat sei mindestens so erschrocken gewesen wie sie: über dieses zitternde Mädchen. Er schenkte ihr einen Riegel Hershey-Schokolade.

«Das war mein erster Amerikaner», sagt sie heute. Überall im Land begegneten in diesen Tagen deutsche Kinder ihrem ersten Amerikaner.

Sie war mit 18 ein schöne junge Frau und ist heute eine dieser bewundernswerten älteren Damen, feingliedrig und doch robust, eine Frau voller Haltung und Stil. Neben ihr: Nick di Camillo, 82 Jahre alt, makellos gekleidet, einen schmalen Clark-Gable-Bart unter der Nase – besser kann einer nicht aussehen in diesem Alter.

«Damals war er der Schwarm aller Frauen», sagt Janina.

Sie leben heute manchmal in Würzburg und manchmal am Gardasee, und jetzt sitzen sie hier an einem Tisch nebeneinander, und alles zwischen ihnen scheint aufeinander abgestimmt: Wie sie sich ansehen, wie sie aufeinander reagieren, ohne Gereiztheit, reine Harmonie. Es war Zufall, dass sie sich damals begegnet sind, der Mann aus den Abruzzen und die schöne Fränkin. Manchmal denkt man, die ganze Wirrnis der Weltgeschichte gebe es nur, damit solche Zufälle geschehen können. Oder es sind eben diese Zufälle, die überhaupt die Welt erträglich machen.

Sagte ich schon, dass sie jetzt seit 50 Jahren verheiratet sind?

Nick fuhr damals mit Janina zu ihren Eltern nach Würzburg. Sie stellte ihn vor. Er verstand nicht, was sie sagten, und sie kapierten nicht, was er sprach. Aber sie mochten sich. «Ich hatte sehr jugendliche Eltern», sagt Janina. Nur eine Tante gab es, die war anfangs nicht begeistert. Später ließ sie keine Gelegenheit aus, zu erzählen, dass Nick «der beste Mensch der Welt» sei.

Er dachte immer noch an das Lokal, das er haben wollte.

Nicht weit von Janina Schmitts Elternhaus entdeckte er 1952 eines der wenigen nicht zerstörten Gebäude Würzburgs, ein niedriges Häuschen in der Elefantengasse, das sich irgendwie unter dem Bombenhagel weggeduckt hatte. Darin war eine Weile ein Lokal namens «Uffenheimer Bräustübl» gewesen, aber der Wirt hatte wieder schließen müssen. Nun befand sich ein Schuhlager in den Räumen. Nick di Camillo fuhr mit seinem Schwiegervater zur Brauerei und erzählte von seinem Plan. Was er denn den Gästen bieten wolle, fragte man.

«Pizza zum Beispiel», sagte er.

«Pizza?»

Na ja, er bekam den Vertrag. Aber der Brauereibesitzer diktierte, das Lokal müsse weiterhin «Uffenheimer Bräustübl» heißen und Bier verkaufen.

Am 24. März 1952 eröffneten Janina und Nick di Camillo ihr Restaurant. Am ersten Tag nahmen sie 27 Mark ein. Am zweiten 35. Am dritten 200. Nach sechs Monaten rief der Brauereibesitzer an und sagte, sie dürften ihr Lokal nennen, wie sie wollten, bloß bleiben müssten sie. Sie nannten ihr Lokal «Sabbie di Capri». *Sabbia* ist der Sand, nebenan liegt ja die Sanderstraße, die kennt in Würzburg jeder. Und *Capri* – das war nun mal auf der ganzen Welt ein Sinnbild Italiens. Nur Janina und Nick waren noch nie dort gewesen.

Sie boten Spaghetti mit Fleischklößchen an, wie man sie in den Abruzzen isst, und natürlich Pizza aus sehr dünnem Teig mit möglichst vielfältigem Belag, wie die Amerikaner sie mögen. Denn die Amerikaner waren ihre ersten Gäste, jahrelang. Nicht die Deutschen. Die hatten erstens kein Geld, und zweitens konnten sie mit italienischem Essen nicht viel anfangen.

Die US-Soldaten saßen von Anfang an im *Capri*. Nick di Camillo hat ein Foto, auf dem er zusammen mit vier Amerikanern zu sehen ist, alle Arm in Arm und alle italienischer Abstammung, De Flavio hieß zum Beispiel einer. Jahrzehnte später trafen sich die vier irgendwo in South Carolina, um Erinnerungen auszutauschen. Sie schickten Nick ein Bild, darauf sah man vier dicke US-Bürger.

Nick di Camillo gab jedem Würzburger Taxifahrer, der ihm Gäste brachte, ein Trinkgeld. Er ließ seine Kontakte spielen. In seiner Küche arbeitete Valerio, der Turiner aus dem *Country Club*. Er veranstaltete Pizzapartys in den Kasernen, bei denen er Gratisessen spendierte und für die er übrigens ganz nebenbei den Pizzatransportkarton aus Pappe konstruierte – Nick dürfte dessen Erfinder sein. Jedenfalls behauptet er das, wie er auch seit Jahrzehnten behauptet, die erste Pizzeria in Deutschland eröffnet zu haben. Er ist dafür mit allerhand Auszeichnungen bedacht worden, unter anderem der eines «Cavaliere della Repubblica». Niemand hat ihm je widersprochen. Also wird es wahr sein.

Und die Deutschen. Wann kamen sie? Wann aßen sie «Pizza Standard» mit Tomaten und Käse und «Pizza de Lux» mit Tomaten, Käse, Salami und Pilzen?

Es dauerte. Die Frauen hätten sich ja zuerst an das Neue gewöhnt, sagt Janina di Camillo, bei den Männern habe es länger gedauert. Zuerst brachten die Amerikaner deutsche Mädchen mit, dann kamen die deutschen Mädchen mit ihren Familien. Der erste deutsche Stammgast hieß Dr. Zimmermann, ein Rechtsanwalt aus der Nachbarschaft. An ihn erinnert bis heute die «Pizza Carpentiere», die Zimmermanns-Pizza also, eine um Anchovis ergänzte «Pizza de Lux», wie sie Dr. Zimmermann am liebsten aß.

Mitte der fünfziger Jahre reiste das Ehepaar di Camillo zum ersten Mal nach *Capri* und besichtigte die Blaue Grotte. Als sie zurückkehrten, stand Nicks Entschluss fest, diese Blaue Grotte im Keller unter seinem Lokal nachzubauen. Da unten lag bis 1956 nur dies und jenes herum, auch die Kohlen für die Heizung, «ein store room», sagt Nick, ein Lager. Oben das Restaurant selbst war nur klein, sieben Tische.

In der Nähe gab es einen Orthopäden, der hieß Willi Haas und beschäftigte Leute, die mit Gips umgehen konnten. Nick engagierte sie. Die Männer bauten mit Pappmaché aus zerkleinerten Tomatenkartons und mit Gips eine Grotte, die wurde blau gestrichen. Die Bar

Aus Nick di Camillos Album: das «Capri» 1952, davor Nick mit seinem Hund; die drei Travellers mit Nick di Camillo (links) und Helmut Zacharias (ganz rechts); Nick 1947/48 als Angestellter der Amerikaner.

Nick mit Ed und Jim Rich, Frank de Flavio und Broccolino; Pizzaparty in der Kaserne mit den ersten Pizzakartons; Nick mit Gästen und den Sängern Leo Leandros (ganz links) und Gus Backus (ganz rechts); Nick mit amerikanischen Gästen 1954; Nick und die Miss Germany 1967, Fee v. Zitzewitz.

wurde geformt wie eine venezianische Gondola. Ofenrohre wurden verkleidet wie römische Säulen.

So sieht das noch heute aus. «Alles meine Phantasie», sagt Nick, «alles mit meinen Gedanken, niemand hat mir mit dies geholfen.» Man steht da und fühlt sich wie in einem Traum aus jener lang vergangenen Zeit, in der die Deutschen in VW-Käfern nach Süden reisten und Italiener nach Norden kamen, um diese VW-Käfer zu bauen. Und Eisdielen zu eröffnen. Und Pizzerien.

Ein Gefühl, als berühre man für einen Moment die Kindheit dieses Landes. Falls Länder eine Kindheit haben.

«Salve» steht über der Tür. Die Treppenwände hat der berühmte Rupert Stöckl bemalt, später hat das ein anderer Pächter übermalen lassen, nicht zu glauben, aber wahr.

Nick holt die Fotos und sein altes Gästebuch. Der erste Eintrag stammt vom 2. August 1952, Lieutenant Manganelli wünscht «success and happiness». Später kommt dann Helmut Zacharias, der berühmte Geiger: «Du und Deine Spaghetti realisieren der Welt größtes Gottesgeschenk – Italien.» Das war im April 1955. Da waren auch die *Drei Travellers* zu Gast, die kannte damals das ganze Land. Sie schrieben, am selben Tag wie Zacharias:

> «Hab vielen Dank – Freund Nicolino –
> ‹che bello› war Dein roter Vino –
> drum kommen wir bald wieder her,
> dann ‹prosten› wir noch etwas mehr.»

Auch drei Söhne von Bing Crosby stehen im Gästebuch, die waren alle Soldaten in Deutschland, zwei in Schweinfurt bei der 16. Infanteriedivision, einer in Frankfurt-Höchst beim Radiosender AFN. Auf den Fotos: Bernhard Wicki, Veit Relin, Lolita, Fee von Zitzewitz (die *Miss Germany* 1967), Rocco Granata, Lou van Burg, Gus Backus, Nicole Heesters. In der Nähe waren ja die Huttensäle, da gastierten viele von ihnen, und hinterher aßen sie bei Janina und Nick.

Nick reiste im Sommer an die Adriastrände; er stellte sich in Rimini und anderswo in den Lokalen neben die Juke Box und beobachtete, welche italienischen Lieder die Deutschen sich aussuchten. Diese Platten kaufte er, spielte sie in seinem Restaurant, und wenn die Würzburger aus den Ferien zurückkamen, hörten sie im *Capri* schon ihre Lieblingsmusik des vergangenen Sommers.

Jahr für Jahr steigerten Janina und Nick ihren Umsatz, immer ging es aufwärts, jeden Tag arbeiteten sie von vormittags bis tief in die Nacht. Bald konnten sie das Haus kaufen, in dem sich das *Capri* befindet, es gehörte einem Zahnarzt. Schon in den fünfziger Jahren kam Bruder Giuseppe aus Italien, um zu helfen. Janina und Nick haben keine Kinder, der Bruder aber hat drei – sie überließen ihm 1971 das *Capri* und eröffneten in der Innenstadt das *Bologna*, in der Dominikanerstraße, da sei heute, sagt Nick, *come si chiama*, wie heißt das Wort? ..., ja, die «Fußgängerzone». Das *Bologna* führten sie zehn Jahre, dann zogen sie sich zurück, in den Ruhestand.

Der Nachfolger, einer ihrer Kellner, hatte weniger Glück, er musste aufgeben. Heute findet man an dieser Stelle ein *Pizza Hut*. Das *Capri* gehört einem Rumänen und seiner deutschen Frau, doch die Karte liest sich wie einst bei Nick. Er sitzt hier auch oft, nach wie vor, und isst sein Leibgericht, Spaghetti mit Fleischklößchen.

Aber jetzt ist Nachmittag, vier Uhr. Wir sitzen allein im *Capri*. Nick erzählt, einmal sei hier ein Amerikaner gewesen, der habe seine Visitenkarte mitgenommen. In Amerika sei er irgendwo in Pennsylvania in ein Lokal namens *High Hat Tavern* gegangen. Er sei mit dem Besitzer ins Gespräch gekommen, habe ihm schließlich von jenem Italiener erzählt, der in Deutschland die erste Pizzeria eröffnet habe und die Visitenkarte hervorgeholt.

Und wer war der Mann, dem die *High Hat Tavern* gehörte? Silvio Coletti, der Mann, der ihm damals im Country Club Arbeit gab.

Die Tür des Lokals geht auf. Ein junger Mann kommt herein. Er fragt mit stockender Stimme nach dem Besitzer.

Nick sagt, der Besitzer sei nach oben gegangen, er habe gerade Pause. Ob er später wieder kommen könne?

Der Mann versteht die Antwort nicht. Er bleibt stehen und wartet.

«Sind Sie Italiener?», fragt Nick auf Italienisch.

Das Gesicht des Mannes hellt sich auf. «Si», sagt er. Und beginnt sofort Italienisch zu reden: dass er Arbeit suche, dass er deshalb den Besitzer sprechen wolle, dass …

«Sie müssen später wiederkommen», sagt Nick. Er wünscht ihm Glück.

Der Mann verabschiedet sich. Er werde dann am Abend wieder da sein, sagt er. Und geht. Ein Italiener, der in Deutschland sein Glück sucht. Eine andere Geschichte in einer anderen Zeit.

**50-jähriges Jubiläum 2002: Nick mit Frau Janina und dem Würzburger Bürgermeister**

## Duisburg

Neun Uhr morgens. Frau Jost hat Frühstück gemacht. Wir sitzen im Arbeitslosenzentrum Duisburg-Mitte. Sitzen an einem langen Tisch und essen Semmeln und blicken durch große Souterrainfenster schräg nach oben auf die Beine der Passanten.

Frau Jost hat drei Kinder. Sie ist 55 Jahre alt. Beruflich hat sie mit einem Realschulabschluss als Bürogehilfin angefangen, später hat sie Abitur gemacht, studiert, sich von ihrem Mann getrennt, weiterstudiert. Sie hat das erste Staatsexamen in Englisch und Philosophie, ist Fremdsprachenkauffrau und Familientherapeutin und schreibt gerade an ihrer Examensarbeit als Diplom-Pädagogin.

Außerdem ist sie arbeitslos.

Das heißt: Gerade arbeitet sie im Rahmen einer Arbeitsbeschaffungsmaßnahme als Leiterin des Stadtteiltreffs Hochfeld, in dem sich das Arbeitslosenzentrum Duisburg-Mitte befindet. Sie organisiert Veranstaltungen, Referate, Diskussionen, Seminare, Beratungen, Ausflüge. Sie kümmert sich um andere Arbeitslose, Claudia zum Beispiel.

Claudia ist Installateurin von Beruf. Sie hat allerhand gemacht im Leben, unter anderem in Gambia ein Hotel aufgebaut und geleitet, mit ihrem damaligen Mann. Immer hat sie sich ihre Jobs selbst gesucht, oft ist sie auch umgezogen deswegen, sicher dreißigmal schon. Aber vor einem Jahr hat sie die letzte Stelle verloren und dann keine mehr gefunden. Sie ist zum Arbeitsamt gegangen, «aber was sollen die dort schon tun, es gibt ja keine Arbeit». In Duisburg wohnen 33 000 Arbeitslose. Für die gibt es 1000 freie Arbeitsplätze.

Keine Kürzung
bei Arbeitslosen-
geld und -hilfe.
(Regierungsversprechen)
→ Vermögenssteuer
einführen
ver.di
nrw
frauen

Claudia sagt, vor einem Jahr habe sie gemerkt: «Oh, es ist anders als früher. Deutschland ist ja nun eher ein Altenheim als ein wirtschaftlicher Standort. Alles ist extrem anders als in den Jahren zuvor.» Sechzigmal hat sie sich schon irgendwo beworben, immer ohne Erfolg.

Neulich hat man ihr eine Stelle als Zimmermädchen in einem Hotel angeboten. Da musste sie einen Tag zur Probe arbeiten, ohne Bezahlung, «die Putzmittel waren unter aller Sau», mit ihr arbeiteten eine Kubanerin und eine Russin. In der Ausschreibung war von 1500 Euro im Monat die Rede gewesen, nun bot man nur noch 1200. Sie hätte angenommen. Man gebe ihr Bescheid, hieß es, aber es kam kein Bescheid.

Claudia sagt: «Man ist nicht mehr drin. Man ist draußen.»

Krass habe sie das bei einer Freundin erlebt. Die arbeitete zwanzig Jahre lang in einem Laden, im Verkauf. Und dann war Schluss. Sie ging zum Arbeitsamt. Irgendwann bekam sie eine Stelle, für ein halbes Jahr in einer Selbstbedienungsbäckerei. Sie machte die Sache gut, arbeitete auch Neue ein – nach einem halben Jahr war wieder Schluss. Das sei System dort, sagt Claudia, nach einem halben Jahr käme man in einen höheren Tarif, deshalb werde immer gekündigt und jemand anders eingestellt.

Aber die Freundin habe trotzdem gehofft. An dem Abend, an dem sie entlassen wurde, hätten sie zusammen gesessen. «Aber die starrte nur durch einen hindurch. Das ist immer so. Wenn man das ein paar Mal mitgemacht hat, flaut es etwas ab. Aber grundsätzlich ist es immer wieder so.»

Drinnen und draußen. Es liegt eine Distanz im Raum, die sich kaum überwinden lässt. Ich frage und frage, die Antworten bleiben knapp. In den Medien, sagt Claudia, heiße es sowieso immer nur, die Arbeitslosen seien faul. Und jeder, der wirklich wolle, finde auch was. Man werde «wie der letzte Dreck behandelt». Selbst in der Familie sei man draußen. An vielem könne sie nicht mehr teilnehmen, werde nicht mehr eingeladen, könne es sich oft auch nicht leisten. «Wenn ich sage, die Wirklichkeit einer Arbeitslosen ist so oder so, dann heißt es: Das kann gar nicht sein.»

«Die meisten Arbeitslosen schotten sich ja auch ab», sagt Claudia.

«Die haben Angst zu sagen, dass sie arbeitslos sind.» Monatlich einmal demonstriert eine Arbeitsloseninitiative vor dem Arbeitsamt, «da sind nie mehr als 20 Leute, obwohl es so viele Arbeitslose gibt in Duisburg. Und ins Arbeitslosenzentrum kommen die Leute ja auch erst, wenn sie nicht mehr weiterwissen.» Neulich, bei einer Demonstration, habe ein Autofahrer einfach Gas gegeben und sei mitten in die Demonstranten gefahren. Es sei aber nichts passiert, Gott sei Dank.

Katja setzt sich an den Tisch. Sie ist mit dem Moped gekommen, hat auf dem Wochenmarkt gearbeitet, Kisten geschleppt. Sie ist 52 Jahre alt, IT-Kauffrau, hatte früher Beschäftigungen im Verkauf, auch im Einkauf, war Importsachbearbeiterin, hat zwei Söhne, einer studiert, einer ist zehn und geht zur Schule. Der Vater zahlt keinen Unterhalt. Ihre Computerkenntnisse nutzt sie, um zwei Leuten Unterricht zu geben, gegen Geld. 167 Euro im Monat darf sie mit Genehmigung des Arbeitsamts dazuverdienen, mehr würde ihr von der Hilfe abgezogen.

Ihr Kind habe neulich nicht mit auf eine Klassenfahrt gehen können, sagt Katja, man habe ihr beim Sozialamt einen entsprechenden Zuschuss verweigert, wenn sie nicht ihre Kontoauszüge der letzten drei Monate vorweise. Deshalb arbeite sie nun auf dem Wochenmarkt, um Geld zu verdienen. Dass sie ihre Bankbelege beibringen soll, hält sie für eine Verletzung der Menschenwürde. «85 Prozent der Leute beim Sozialamt sind ehrlich, 15 Prozent betrügen», sagt sie. «Und diese 15 Prozent rechtfertigen das nicht, was sie mit uns machen. Wenn Ihr Konto wegen Steuerhinterziehung untersucht wird, braucht man ja auch einen Richterbeschluss. Bei uns soll das selbstverständlich ohne gehen. Man wird ausspioniert bis in den letzten Winkel.»

Angelika kommt auch noch dazu. Ihre Haare sind kurz und weiß, sie ist blass, ab und an entringt sich ihren Lungen ein seltsam fremdes, rasselndes Geräusch. Ob ich bitte schreiben könne, sagt sie, dass der Autobusfahrplan so zusammengestrichen worden sei, dass um halb acht der letzte Bus fahre. Das Behindertenturnen, zu dem sie immer gehe, beginne aber erst um acht. Sie wisse nicht mehr, wie sie nach dem Turnen wieder heimkommen solle. Sie habe Krebs und brauche das Turnen.

«Er ist aus München», sagt Frau Jost leise, «das nützt nichts, Angelika.»

Frau Jost sagt, immer heiße es, Arbeitslose seien nicht genug ausgebildet. Aber sie habe im Laufe der Jahre ungefähr 30 Qualifikationen erworben, «mit mir können Sie Qualifikations-Quartett spielen». Doch werde sie immer nur in Arbeitsbeschaffungsmaßnahmen eingesetzt, und die seien in der Regel auf ein Jahr befristet. «Ich bin dann von null auf hundert da, ackere wie ein Pferd, bekomme Gutes attestiert.» Und nach einem Jahr sei es wieder vorbei, «denn die Systeme, die sich der Arbeitsbeschaffungsmaßnahmen bedienen, die haben kein Geld, um jemanden langfristig anzustellen». Dennoch: «Die ABM, das hat schon Sinn. Der staatlich finanzierte Beschäftigungssektor ist für viele Arbeitslose die einzig realistische Perspektive, eine Arbeit zu bekommen.»

Duisburg-Hochfeld: Wir sind am Ende eines riesigen Systems, an einem Ende, an dem es nicht mehr viele Hoffnungen gibt, nur noch den Kampf mit diesem System, der die Menschen prägt, auch ihre Sprache. Immerzu benutzt Frau Jost Abkürzungen, die ich nicht verstehe, dauernd ist die Rede von Ansprüchen, Fortbildungen, Übergangszahlungen, Neuregelungen, von ABM, PSA, SGB ... Man spürt, man sollte das verstehen, man weiß, es ist sehr wichtig, aber man versteht es nicht, und man kann nicht jedes Mal nachfragen.

Ich stehe auf.

An ihren Bus solle ich denken, das müsse ich schreiben, sie brauche das Turnen so nötig, sagt Angelika.

Frau Jost drückt mir einen Veranstaltungskalender des Arbeitslosenzentrums in die Hand.

Wie viele Leute durchschnittlich kommen zu einer Veranstaltung, frage ich.

20 bis 30, sagt sie, manchmal mehr, manchmal weniger. Zum erfolgreichsten Termin seien 46 gekommen. Der Titel war: «Den Ängsten einen Raum geben».

Es ist mittags. Frau Jost sagt, sie werde vielleicht noch promovieren, wenn sie keinen Job finde.

Jetzt backt sie einen Kuchen.

## Der Pfarrer

Wenige Plätze im Land kenne ich, an denen man so sehr ein Gefühl für das Dahinströmen der Zeit und für ihre manchmal ganz unterschiedlichen Geschwindigkeiten bekommt wie im uralten Pfarrhaus von Dorndorf in Thüringen.

Es ist ein unwillkürliches Empfinden: dass die Leute hier Teil einer langen Geschichte sind, die sich über Jahre und Jahrzehnte und Jahrhunderte erstreckt, in der es ein Gestern und ein Vorgestern gab und ein Morgen und Übermorgen geben wird. In der manchmal alles ganz schnell geht und dann wieder sehr langsam. In der viele Dinge immer gleich bleiben und andere sich immerzu wandeln. Und in der wir ganz und gar zufällig *heute* unseren Kopf in die Welt strecken.

Woran liegt das? Woher kommt dieses Gefühl – an diesem Ort?

Also, erstens steht man zum Beispiel auf der Terrasse des Pfarrhauses und blickt nach oben, über die Saale, die Straße von Jena nach Naumburg und die Gleise der ICE-Strecke hinweg einen steilen Berg hinauf – und da oben stehen an der Felsenkante die drei Schlösser von Dornburg, jedes aus einer anderen Zeit. Rechts das alte Schloss, in dem sich zu DDR-Zeiten ein Wohnheim für kubanische Arbeiter befand; früher aber hielt an jener Stelle Otto der Große Hof, König des Heiligen Römischen Reiches und später sein Kaiser – das war in den fünfziger Jahren des 10. Jahrhunderts. In der Mitte: das Rokokoschloss, erbaut von Ernst August von Sachsen-Weimar-Eisenach im 18. Jahrhundert – das war übrigens der Großvater jenes Großherzogs Carl August, an dessen Weimarer Hof Goethe Geheimrat war. Goethe war oft hier, wohnte in diesem Schloss und später im dritten, dem Renaissanceschloss links nebenan, vom dem er einmal schrieb, es sehe aus «wie eine altfränkische Kommode», aufs Nützliche bedacht, «von innen heraus gebaut, ohne sich um's Äußere zu kümmern».

Aber davon später. Hier nur so viel: Dieses Schloss stammt aus den Jahren 1539 bis 1547.

Zweitens: Das Pfarrhaus selbst ist nun bald 300 Jahre alt, und die Kirche nebenan nur 21 Jahre jünger, eine ganz wunderhübsche Bauernkirche übrigens, die den Namen «St.-Peters-Kirche an der Brücke» trägt und 48 Porträts von Aposteln, Kirchenvätern und Propheten beherbergt. Fast alle haben sie den gleichen weißen Rauschebart und schauen hinab auf einen hölzernen Taufengel, dem links der große Zeh fehlt, und blicken auch hinüber zu den Engeln hinter dem Altar, die alle Cäsarenköpfe haben und Schlafzimmerblicke. In dieser Kirche predigten im Lauf der Jahrhunderte bekannte Männer, von 1925 bis 1931 zum Beispiel Friedrich Gogarten, der später Professor in Breslau und Göttingen wurde und zu seiner Zeit einer der bekanntesten evangelischen Theologen war. 200 Jahre vor Gogarten wirkte hier ein Adjunct mit dem schönen Namen Klopfleisch, «ein gar hübscher Geistlicher», wie Goethe selbst bemerkte.

Aber davon später. Hier nur so viel: Der heutige Pfarrer heißt Oberthür, Peter Oberthür, und ist nun auch schon seit 18 Jahren in Amt und Würden.

Drittens: Vielleicht rührt dieses Empfinden fürs Verstreichen der Zeit hier, abseits der großen Welt, auch daher, dass ich in vielen Jahren immer wieder hier gewesen bin, mal kurz, mal länger. Da sieht man Veränderungen, und man spürt, was bleibt. Und trägt geradezu kindliche Erinnerungen mit sich herum, wie die, dass ich vor mehr als zehn Jahren hier sonntags mal die Glocke läuten durfte, die zum Kirchgang rief. Das Glockenseil riss mich empor und schürfte mir Haut von den Händen, und ich staunte über das Geschick der alten Frau Fietze, die das jeden Sonntag machte. Und nun schon lange nicht mehr lebt.

Es ist einer von diesen Plätzen, die ich ganz und gar und unverwechselbar deutsch finde. Weiß gar nicht recht, warum …

Zuerst kam ich im Januar 1990 nach Dorndorf. Die Grenze war noch nicht lange offen, ich fuhr mit dem Auto von Jena nach Naumburg und kam an einer Fabrik vorbei, oder besser: an etwas, das aussah, als sei es einmal eine Fabrik gewesen. Bis zu den Knöcheln im Schlamm versinkend, stapfte ich über das Areal, vorbei an einem 50 Meter langen, völlig verrosteten Drehofen, an Förderbändern, deren hölzerne Abdeckungen zusammengebrochen waren, an Werkshallen, die aussahen, als habe man sie mit einer Schicht Zement übergossen, an Ruinen älterer Gebäude, an Schornsteinen, von grau-weißen Schlieren überlaufen, und an Eisenbahnwaggons, an denen kein Stück Metall nicht verrostet war.

Es handelte sich um den Betriebsteil V des VEB Agrochemisches Kombinat Piesteritz, Betrieb Chemiewerk Coswig. Kurz Chemiewerk Steudnitz genannt, nach dem Nachbarort von Dorndorf.

Hier stellte die DDR Dünger her. Es war dieser Tag, an dem ich zuallererst dachte: Wenn in einer derart gruseligen Kulisse noch Menschen arbeiten und tatsächlich etwas herstellen, wenn es sich hier also um eine Fabrik handelt, um eine funktionierende, produzierende Fabrik – dann ist es aus mit der DDR. Dies kann nicht von Dauer sein, es ist nur noch ein Finale.

Durch immer defekte Filter wurden damals Jahr für Jahr 3000 Tonnen Staub ins Saaletal gehustet, Staub, der so aggressiv war, dass er in den Dörfern die Farbe von den Fensterrahmen fraß. Auf über 20 Kilometern dieses Tals lebten keine Bienen mehr. Kleinsäuger bis zur Größe der Ratte waren verschwunden. Die Salzsäure in der Luft zerätzte die Nägel im Schieferdach der Kirche. Fensterglas wurde rau. Dachziegel sahen aus wie von Mäusen zernagt. Die Arbeiter klagten über Nasenbluten. Die Obstbäume am Hang hinter dem Werk waren tot. Und der Dünger selbst war von so miserabler Qualität, dass er beim Ausbringen über die Felder staubte. Man sah den Traktor nicht mehr. Wurde der Dünger feucht, fiel er wieder in seine chemische Ausgangsstruktur zurück.

Dies alles erfuhr ich vom Vorsitzenden einer Bürgerinitiative, die sich schon zu DDR-Zeiten gebildet hatte und gegen das Werk vorging. Ihr Vorsitzender war der Pfarrer Oberthür. In dessen Pfarrhaus konnte ich damals für eine Nacht bleiben, bevor ich weiterfuhr, nach Naumburg.

Dazu später mehr.

Drei Schlösser aus verschiedenen Jahrhunderten. Ein Pfarrer in einer langen Reihe von Pfarrern. Ein Düngerwerk, aus dem heute ein durchaus umweltverträgliches Zementwerk mit einem ökologisch sehr sensiblen Besitzer geworden ist. Ein Baugebiet, wo früher Wiesen waren. Das Pfarrhaus, die Kirche – nicht mehr länger baufällig, sondern renoviert. Das ist, ganz oberflächlich und sofort sichtbar, der Lauf der Zeit in Dorndorf/Thüringen.

Übrigens war Goethe wirklich oft hier, mehr als zwanzigmal, gelegentlich in Schillers Begleitung. Einmal, 1828, besuchte er dieses Dornburg oben auf dem Felsen über Dorndorf auch für längere Zeit, fast zwei Monate – einen Sommer lang. Und fand in Briefen für die Gegend nur die besten Worte: überlieblich, allerliebst, ja, die Rosenlauben bei den Schlössern nannte er «feenhaft» und die Schlösser selbst «eine warme gute Stätte». Er schrieb auch Gedichte hier, 1776 zum Beispiel dieses, das er, kaum war die Tinte trocken, an Charlotte von Stein schickte:

«Ich bin eben nirgend geborgen.
Fern an die holde Saale hier
verfolgen mich manche Sorgen
und meine Liebe zu Dir.»

Drei Jahre darauf arbeitete er in Dornburg an der «Iphigenie», war aber gleichzeitig im Auftrag seines Fürsten mit der Auslese von Rekruten beschäftigt, eine unerfreuliche Beschäftigung für alle Beteiligten, wusste doch Goethe selbst, wohin es am Ende führte, wenn man die Bauernsöhne von den ihnen vertrauten Feldern holte: an den Galgen, denn oft gelang ihnen nach dem Sengen und Brennen im Krieg die Rückkehr zu friedlicher Arbeit nicht mehr. Am 3. März 1779 schrieb er in Dornburg auf eine Tagebuchseite: «Auslesung. nachher einsam im neuen schlosse an Iph. geschr. so auch d. 4.»

Noch tags zuvor hatte er Charlotte aus dem Schloss gemeldet, «dass

das Stück sich formt, und Glieder kriegt. Morgen hab ich die Auslesung, dann will ich mich in das neue Schloß sperren und einige Tage an meinen Figuren posseln … Jetzt leb ich mit den Menschen dieser Welt, und esse und trincke spase auch wohl mit ihnen, spüre sie aber kaum, denn mein inneres Leben geht unverrücklich seinen Gang.»

Klingt es nicht seltsam? So ist das Leben hier, in mancher Hinsicht: unverrücklich und doch seinen Gang gehend.

Fast 50 Jahre später, 1828, war Goethe einmal im Pfarrhaus unten zu Gast, beim erwähnten Adjuncten Klopfleisch, dessen Bienenzucht er besichtigte, unter einer Blutbuche im Pfarrgarten. Von Klopfleisch hatte er sich versichern lassen, dass die Tiere nicht stächen, aber als doch eine von ihnen direkt auf ihn zuflog, korrigierte Klopfleisch sich eilig und rief: «Exzellenz, für die stehe ich nicht ein!» Worauf Goethe, damals ja schon 79 Jahre alt, «mit jugendlicher Behendigkeit über zwei Beete sprang und glücklich auch dieser Gefahr entging», jedenfalls einem Bericht der Freundin Berta Weber zufolge.

Na ja, und heute steht man in diesem Pfarrgarten, und die Blutbuche, unter der Goethe so behände der Biene entkam, ist älter und größer und immer noch da.

Und der Pfarrer ist Peter Oberthür, 44 Jahre alt. Als ich ihn kennen lernte, war er 31 und ein zorniger Mann, einer jener Pfarrer, die sich immer aufgelehnt hatten gegen das Regime, nicht nur gegen das Düngerwerk. Er sagte damals, er sei Pfarrer geworden aus einem quasi karitativen Grund: «Ich hatte das Gefühl, dass ich einer bin, der sich wehren kann, und wollte etwas weitergeben von dieser Kraft.»

Er hielt Predigten, in denen er das «himmelschreiende Unrecht» des sozialistischen Staates geißelte und rief: «Deshalb wird es mit dieser Art, zu regieren und mit den Menschen umzugehen, natürlich irgendwann ein Ende haben.» Bei der Kommunalwahl 1989 gehörte er zu denen, die in die Wahllokale marschierten, um die öffentliche Stimmenauszählung zu beobachten. Natürlich warf man sie in der Regel hinaus, aber manchmal konnten sie doch die Nein-Stimmen zählen, diese Daten auf Flugblättern veröffentlichen und so die Wahlfälschungen beweisen. Die offizielle Nein-Stimmenzahl war nämlich viel geringer.

Oft standen damals Stasi-Leute vor seiner Tür, drängten, drohten. Im Januar 1989 wurde er morgens nach Gera gebracht und stundenlang verhört. Damals habe er erfahren, sagte er, «was Glauben für eine Kraft geben kann: Ich habe immer nur gedacht, die können mir nichts, mein Herr sitzt woanders.» Dennoch lebte er seitdem in Angst, und für seine Frau war es manchmal unerträglich. Sie hatten damals schon zwei Kinder. Heute sind es vier.

Eines Tages fehlten an seinem Trabant die Schrauben, mit denen die Lenkung befestigt war. Ein anderes Mal hatte jemand gleich den ganzen Motor gelöst. Passiert ist ihm nie etwas. Aber die wissenschaftliche Karriere eines Freundes, eines Physikers, der sich weigerte, Oberthür zu bespitzeln, wurde von der Stasi zerstört.

So war das. Und die Kirche war ja in der DDR ohnehin an den Rand gedrängt. Manchmal saßen sonntags nur vier Leute in der Kirche, es war schwer, ein Gemeindeleben zu organisieren. Und der Pfarrer war ein seltsamer Außenseiter in dieser entkirchlichten Gesellschaft.

Einer, zu dem die Leute seltsamerweise auch kamen, um zu jammern und zu klagen, wenn sie gar nicht in der Kirche waren. Sie wussten immer: Der sagt das nicht weiter, und der hat immer Zeit für dich.

Einer, der einerseits privilegiert war, weil er von Amts wegen ein Telefon, ein Haus, ein Auto hatte.

Und einer, der andererseits so wenig Geld verdiente, dass er auf Kleiderspenden aus dem Westen angewiesen war, die berühmten «Diakonieschuhe» zum Beispiel, an denen sich Pfarrer in der DDR gegenseitig von weitem erkannten. Es war im Sommer 1990, dass sich Oberthür zum ersten Mal selbst ein Hemd und einen Pullover kaufte. Vorher hatte er nicht mal seine eigenen Größen gewusst.

Das hat ihm nie etwas ausgemacht. Er habe sich, sagte er, den Leuten so immer näher gefühlt als die gut situierten Pfarrer im Westen.

Anfang der neunziger Jahre – das war eine seltsame Zeit. Vorher war es doch so gewesen, dass man davon ausgehen konnte: Verteilte man hier, in Thüringen, ein Flugblatt, wurde die Sache wenig später irgendwo in der Hauptstadt der DDR besprochen. Man war ohnmächtig, aber es wurde doch wahrgenommen, was man tat. «Du hast an Ketten gerüttelt», sagt er, «und es klirrte wenigstens.»

Jetzt verhallte alles plötzlich im weiten Raum der Demokratie: eine neue, andere Art von Ohnmacht. «Diese Inflation von Sprache, von Texten – es war erdrückend. Ich dachte: Willst du dem unbedingt auch noch etwas hinzufügen? Das ließ einen verstummen. Und dann diese Provinzialität hier: Du dachtest, jetzt bist du wirklich am Arsch der Welt angekommen.»

Er machte eine Weile weiter wie gewohnt. Blieb politisch engagiert. Kämpfte gegen dies und jenes. «Aber es war ein Leerlaufeffekt», sagt er heute. «Ich war wie ein Hamster im Rad. Ich rannte einer Sache nach, die längst nicht mehr wichtig war.» Irgendwann habe er gedacht: «Nur gegen die Gesellschaft anwettern, das kann es nicht sein.»

Aber man musste doch erst mal ankommen in der neuen Zeit.

Das war das eine. Das andere: Mit einem Mal, von Jahr zu Jahr mehr, war der Pfarrer nicht mehr der Außenseiter, sondern, sagt Oberthür, «eine honorige Persönlichkeit, die zur Obrigkeit gehört, eine staatstragende Institution, die mit viel Gehabe auftritt». Er war nicht mehr der Pfarrer, sondern der «Herr Pfarrer». Das liegt ihm nicht, dieses Honoratiorenhafte. «Ich wäre lieber Enfant terrible geblieben. Jetzt sollte es auf einmal deine Rolle sein, die Gesellschaft zeremoniell zu begleiten. Dabei habe ich mich immer an der Gesellschaft gerieben. Ich wäre im Westen wahrscheinlich nie Pfarrer geworden.»

Und plötzlich war so viel anderes zu tun. Er ist heute für acht Dörfer mit sechs Kirchen und vier Pfarrämtern zuständig. Da sind Häuser, die vermietet sind. Er muss sich um die Verwaltung kümmern, um tropfende Wasserhähne, um Renovierungen, Geldbeschaffung, Anträge, Papierkram. «Mir liegt das zufällig», sagt er, «aber es hat mit meiner eigentlichen Arbeit nichts zu tun.» Er wollte immer einer sein, der für die Menschen da war, der an ihrer Seite lebte und Zeit für sie hatte. Wenn früher einer aus der Gemeinde krank in Jena im Hospital lag, dann besuchte er ihn.

Und jetzt merkte er, «in welcher köstlichen Nische wir in der DDR gelebt hatten». In welcher Unwirklichkeit!

«Es war doch ein Panoptikum, diese DDR-Wirtschaft», sagt er. «Erst jetzt, im Westen, sind wir in der Realität angekommen.»

Es gab eine Krise, das war 1992 und 1993. Er überlegte aufzuhören. Er dachte über ein Jurastudium nach. Bloß: Niemand riet ihm zu. Alle warnten. Und er hatte ja eine Familie zu ernähren.

Also machte er weiter. Er saß bis 1997 im Kreistag, für das Neue Forum, an der Seite der SPD. Johanna, seine Frau, kandidierte sogar für den Landtag, für die Grünen. Er war jahrelang im thüringischen Richterwahlausschuss tätig. Alle Richter, alle Staatsanwälte wurden ja auf ihre Vergangenheit in der DDR hin überprüft, ein Drittel der Richter, die Hälfte der Staatsanwälte mussten den Dienst quittieren. Er wollte nicht, dass jene, die vorher das Volk geschurigelt hatten, nun einfach weitermachen durften. Aber er erlebte so auch die menschlichen Dramen, die damit verbunden waren. «Es gab Leugner», sagt er. «Aber es gab auch welche, die sich ehrlich geöffnet haben. Denen fiel es wie Schuppen von den Augen, dass sie Leute kaputtgemacht hatten. In einer solchen Situation der Ehrlichkeit kommt ja dann der ganze Schmerz des Opfers auch auf dich.» Und es gab jene, die immer überzeugt gewesen waren, etwas Gutes zu tun.

«Mein Ziel war weniger das Urteil», sagt er, «als vielmehr, die Einsichtsfähigkeit zu fördern, das eigene Verhalten zu ändern.»

Er wollte nicht Politiker werden, «da ist zu viel Angepasstheit, zu viel Loyalitätspflicht, das würde mich krank machen». Und er habe plötzlich das Gefühl gehabt: «Schuster, bleib bei deinen Leisten. Mach, was du wirklich kannst.»

Und was ist das?

«Ich kann vieles ganz gut. Ich kann nichts richtig. Als Pfarrer bist du Manager, Verwalter, Seelsorger, Mensch, von allem ein bisschen. Nichts ausschließlich. Das kann ich. Das bin ich.»

Er sagt: «Das Alter der Leute, die etwas vom Pfarrer wollen, hat sich geändert. Die sind jetzt jünger. Es gibt relativ viele existenzielle Probleme. Das hatten die Leute früher nicht. Oft ist das irreal, aber es ist so. Die Leute fürchten um ihre Rente. Sie haben keine Arbeit. Es sind Leute, die keiner braucht. Die haben dreißig Bewerbungen geschrieben und dann natürlich keine Lust mehr. Dann stecken sie ihre Phan-

tasie und Kraft in die Ausschöpfung der Sozialsysteme. Diese Leute sind alle nicht lebensbedrohlich gefährdet. Die könnten auch in dieser Situation ein glückliches Leben haben. Man muss manchmal erst weit runterkommen, um zu sehen, was wichtig ist am Leben. Da ist man schnell bei ganz einfachen Lebenszusammenhängen.»

Er sagt, er habe sich auf urchristliche Grundwerte besonnen. Einfachheit. Innere Werte. In der DDR sei es immer um Wahrheit, Gerechtigkeit, Freiheit gegangen, gesellschaftliche Fragen. Nun stünden im Vordergund: grundsätzliche Fragen an den Einzelnen. Seiner theologischen Haltung komme das sehr entgegen.

Und worin besteht sie, diese Haltung?

«Eigentlich im Verzicht auf große theologische Dogmen. Sie ist weniger wissend, sehr vorsichtig. Ich habe immer größte Nähe empfunden zu dem in Wanderlatschen umherziehenden Jesus, der Gott als den Kindsvater ansieht, der mit offenen Armen auf den verlorenen Sohn wartet und darüber alles andere vergisst. Ich finde, man muss Theologie von Moral trennen. Es geht immer um Schuld, aber wenn der Sohn heimkommt, ist für diesen Vater alles andere vergessen.»

Wenn man sich auf die einfachen Dinge besinne, könne man das Leben als Geschenk erfahren. Darum gehe es: «Dass man entdeckt, was das Leben ist, wie groß und wie wunderbar.» Und dass man immer sammeln müsse für die Zeit, wenn es ans Sterben gehe, «denn wenn du Licht gesammelt hast, dann kannst du eines Tages auch die Tür ins Dunkel öffnen».

Er ist jetzt 18 Jahre hier. «Da kannst du natürlich auf Beerdigungen ganz andere Dinge sagen. Dann hast du die Leute wirklich gekannt. Wenn du so lange hier bist, dann lässt du dich wirklich ein auf das Leben hier, dieses kleine Leben.»

Er habe seine Bodenständigkeit entdeckt, «das habe ich von mir gar nicht gewusst». Und dieses kleinstädtisch-intellektuelle Milieu, das liege ihm, auch die Nähe zu den Leuten, die kurzen Wege zueinander. «Es hat was von einem Refugium, von Rückzug, es gibt mir mehr Stille.» Und die Kirchen sind renoviert, drüben in Rodameuschel konnten sie sogar einen Kirchturm bauen mit Hilfe der Oetker-Stiftung. Sonntags ist nun geheizt beim Gottesdienst. Vieles ist so viel einfacher als früher. Und es sind 15 statt nur vier Menschen da, wenn er predigt. Jena ist nicht weit, der Stadt geht es gar nicht so schlecht, und viele der Wissenschaftler, die dort arbeiten, wohnen in Dorndorf. Lauter gute Nachrichten.

Er hat sich zwischendurch mal für andere Posten beworben. Er wollte immer wieder weggehen. Kann sein, dass er es auch noch tut. Kann aber auch sein, dass er hier bleibt. Kann sein, dass eines Tages 40 Jahre in der Pfarrchronik seine Jahre gewesen sein werden, die Jahre eines Pfarrers namens Oberthür.

# Der Schlachter

Sehen Sie, der Mann auf dem Bild, das ist Johannes Elsemann. Und das Rind links unten ist ein Rind, und gleich wird es ein Rind gewesen sein.

Elsemann wird ihm einen Bolzen ins Hirn geschossen haben, und das Tier (vermutlich ist es ein weibliches, eine Färse) wird zusammenbrechen, Elsemann wird eine Kette an seinem linken hinteren Bein befestigen, damit wird das Rind nach oben gezogen, bis es hängt. Dann kommt einer und schneidet ihm die Halsschlagadern auf, links und rechts, dass man hindurchsehen kann durch den Hals bis zur nächsten Wand und dass das Blut braunrot und dick zu Boden fließt. Und noch zwei Stunden später, da wird das, was mal ein Tier war, kaltes Fleisch sein, in zwei Hälften an Haken hängen, und jemand in einem weißen Kittel wird vielleicht etwas sagen in dieser Art: schöne Fettauflage, gut bemuskelte Keule, Rückenbereich weniger stark, Schulter normal gebaut.

Rindfleisch.

So ist das. So war es gestern, und so wird es morgen sein. Rechts hält Elsemann ein Steuergerät in der Hand, mit dem schließt er eine Tür hinter dem Tier, dann wird es allein sein in der Tötebucht. Und mit der linken Hand beruhigt er das Rind, bevor er ihm das Bolzenschussgerät auf die Stirn setzt. Das alles dauert zusammen nie mehr als 15 Sekunden. Es soll schnell gehen, es muss schnell gehen, und es geht schnell. Jeder Stress vermindert die Qualität des Fleisches, und er quält das Tier.

Elsemann ist ein ruhiger Bursche, 49 Jahre alt, Familienvater. Er lächelt gern, antwortet in kurzen Sätzen. Sein Gesicht hat etwas Rosiges, er lebt ja auf dem Land, und es ist nicht lange her, da war er hauptsächlich Landwirt, Rinderhalter. Den Hof hatte er geerbt, er war nur zu klein, um ihn zu erhalten, Elsemann verpachtete alles und fing im Schlachthof an. Er ist mit Tieren aufgewachsen, er kennt das nicht anders. Und nun tötet er sie, jeden Tag, heute Rinder, morgen Schweine, denen wird übrigens eine Elektrozange gleich hinter dem Kopf angesetzt. Danach spüren sie nichts mehr.

Der Mann, der die Tiere tötet, ist der, der sie am besten kennt. Er muss fühlen, was in ihnen vorgeht, muss Ruhe ausstrahlen – jedenfalls hier, auf diesem Schlachthof.

Ein Novembermorgen um fünf Uhr. Wachtendonk am Niederrhein, ein kleines Städtchen. Die Straßen sind noch leer, es ist stockdunkel, der Schlachthof *Thönes* liegt in einem Gewerbegebiet am Ortsrand, ein unscheinbares Gebäude am Ende einer Straße, davor parken ein paar Autos. Dies ist einer der kleinsten Großschlachthöfe Deutschlands, pro Woche lassen hier 60 Stück Großvieh ihr Leben und 800 bis 1000 Schweine, eine lächerliche Zahl, verglichen mit einem der Massenschlachthöfe in der Nähe von Oldenburg: Da werden 60000 Schweine in der Woche essbar gemacht.

Manchmal wird in Wachtendonk auch Geflügel geschlachtet, 20000 Tiere pro Woche sind erlaubt, eine Puppenstube, verglichen mit den Gefügelschlachtereien, in denen 100000 Tiere pro Tag verarbeitet werden: Um acht Uhr kommen die Tiere dort an, um zehn liegen sie schon als Leichen in Kartons, versandfertig.

Thönes ist ein besonderer Schlachthof. Es gibt ihn schon seit 1971, ein Familienunternehmen. Mitte der achtziger Jahre, sagt Thomas Thönes, der Juniorchef, habe seine Mutter plötzlich am Tisch bekannt gegeben, sie werde kein Fleisch mehr essen, nicht dieses Fleisch jedenfalls, das in der Pfanne, statt zu braten, bloß Wasser lasse und dann vor sich hin koche und womöglich noch leichten Gülle- oder Uringeruch verströme. Derart unter Druck gesetzt, habe der Vater, Egidius heißt er, beschlossen, neue Wege zu gehen. Er habe nach Bauern gesucht, die Tiere artgerecht hielten, Schweine auf Stroh und mit ausreichend Platz, Rinder auf der Weide und nicht angebunden in dunklen Ställen. Mit ihnen habe er Lieferverträge geschlossen und dann Metzger gefunden, die das Fleisch und die daraus entstandene Wurst exklusiv verkauften.

So entstand der «Thönes Natur-Verbund». 250 Landwirte beliefern ihn, in 65 Metzgereien und 80 Verkaufsstellen wird die Ware abgesetzt. Wer mitmacht, muss seine Tiere artgerecht halten und dabei strenge Kriterien einhalten – nur ein paar Beispiele: kein Tiermehl als Futter; keine Automatenfütterung; den weitaus größten Teil des Futters muss der Landwirt selbst erzeugen; Antibiotika werden zu Zucht und Mast nicht eingesetzt; Kälber werden mit Müttern bzw. Ammen zusammen gehalten; die Tiere haben erheblich mehr Platz als gesetzlich eigentlich vorgeschrieben; und kein Tier, das hier geschlachtet wird, wird vorher länger als drei Stunden transportiert, in der Regel ist es bloß eine.

Wir streifen uns Plastikschoner über die Schuhe, bevor wir den Schlachthof betreten, ziehen weiße Hosen und Jacken über und setzen Papierkappen auf. Die Tiere, die an diesem Morgen geschlachtet werden sollen, sind bereits abends oder in der Nacht gebracht worden, sie sollen sich an die neue Umgebung gewöhnen. Elsemann, der Schlachter, ist dann oft schon dabei. Es gibt keine elektrischen Schlagstöcke und keine Prügel. Niemand schreit. Lediglich mit einem großen Schild aus Plastik werden die Tiere gelenkt.

Sie sollen ruhig bleiben. Deshalb werden sie auch nicht nach dem Zufallsprinzip in die Warteställe getrieben, sondern bleiben in vertrauten Gruppen zusammen. Es gibt dann keine Rangkämpfe. Weil Schweine neugierige Tiere sind, nehmen sie ihre neue Umgebung schnüffelnd und grunzend in Besitz. Eine Doktorarbeit der Tierärztlichen Hochschule Hannover ergab: Die durchschnittliche Herzfrequenz der Schweine ist hier zwei Stunden vor der Schlachtung ebenso niedrig wie zuvor im Stall daheim. In anderen Schlachthöfen ist sie um 50 Prozent höher, vom Stresshormon Lactacin ist im Blut gar um 75 Prozent mehr vorhanden. Das hat erhebliche Auswirkungen auf die Qualität des Fleisches.

Die Schweine müssen bei Thönes auch nicht mit großem Aufwand getrieben werden. Sie gehen, interessiert, wie sie sind, Raum für

Raum Richtung Schlachtung, bis sie plötzlich vor einem Hindernis stehen. Irgendwann habe sein Vater herausgefunden, sagt Thomas Thönes, dass Schweine an einer solchen Stelle immer eine Wendung nach rechts machen. Das tun sie auch hier und gelangen damit automatisch hinter ein Gitter und damit quasi von allein zu der Stelle, an der Elsemann oder ein Kollege mit der Elektrozange warten.

«Die Tiere bleiben ruhig, wenn man selbst ruhig bleibt», sagt Johannes Elsemann. «Wer fickerig ist, braucht sich da nicht hinzustellen.» Und vielleicht komme es einfach nur darauf an, etwas mehr Zeit zu haben. «Wenn Schweine einmal laufen, dann laufen sie, dann muss man nicht mehr treiben. Aber wenn ein Schwein sperrt, dann sperrt es. Das muss man verhindern.»

Der die Tiere am besten kennt, der tötet sie. Man muss mit ihnen fühlen, muss erkennen, was sie wollen, muss ihr Vertrauen haben, muss sie führen können. Es kann nicht ausbleiben, dass man dann auch mit ihnen leidet. Am schlimmsten, sagt Elsemann, sei es bei Kälbern. «Da ist immer so ein Überwindungspunkt. Auf eine Art ist es eine traurige Sache. Man sieht ja, was noch möglich wäre. Es ist doch schade um das Kalb, ein schönes Kalb, denkst du. Die Gedanken sind immer da, das muss man einfach sagen.»

Er lächelt das melancholische Lächeln eines Mannes, der weiß, wovon er redet.

Als er sein erstes Kälbchen töten musste, habe er geweint, sagt er. Manchmal entschuldigt er sich noch heute bei den Tieren.

Ohnehin, fügt er hinzu, könne er das alles nur vor sich verantworten, weil er wisse, was aus den Tieren werde, ein mit Verantwortungsgefühl hergestelltes Produkt. «Ich denke», sagt er, «es waren gute Tiere. Ich muss nicht unnötig viele Tiere töten, um etwas zu erreichen. Es geht nicht um Überfluss. Es wird ordentlich und schnell gestorben. Wir arbeiten mit Ehrfurcht und Respekt.»

Schlachten in Wachtendonk. Langsam rücken die von der Decke hängenden Rinder vor zu den Metzgern, die auf einer Galerie stehen. Köpfe abschneiden, Füße und Hörner entfernen, Häute abziehen, immer wieder in kleine Desinfektionsduschen treten, Brustbeine zersägen, die Körper in zwei Hälften zerhacken, Lebern an Haken hängen, blaugraugrünweiße Gedärme herauswühlen und in große Schalen legen, Fett vom Fleisch schneiden und in Behälter werfen, knapp an meinem Papierkappenkopf vorbei.

Am Ende gucken oft die Landwirte von einer Glaskabine aus zu und sehen, was aus ihren Tieren geworden ist. Lassen sich Tipps für die Ernährung geben und schauen beim Wiegen zu.

Wie ruhig es hier zugeht! Er habe jedes Geschrei verboten, sagt Thomas Thönes. In einer Schlachterei könne immer etwas passieren, das müsse man hören können. Und er wolle hier nicht die rauen, groben Gesellen aus den Metzgerkolonnen, die übers Land ziehen und im Akkord arbeiten, morgens in Kleve, nachmittags in Holland. Die schlachteten ja oft nicht mehr, denen würden nur noch geschlachtete Tiere angeliefert, die sie dann zu zerlegen hätten, so schnell wie möglich, in extremer Spezialisierung. «Da gibt es», sagt Thönes, «Spezialisten für das Rasieren von linken hinteren Schinken. Etwas anderes können die gar nicht mehr. Das ist nur noch das Abarbeiten von Mengen. Kein Nachdenken: Was mache ich da eigentlich? Und ab 50 wird es für einen Kopfschlächter kritisch, da kommt er im Tempo nicht mehr mit, muss aus der Kolonne heraus. Aber in dem Bereich muss ja auch so gewütet werden, wenn man sich die Preise anschaut.»

1960 gab in Deutschland ein Haushalt noch 30 Prozent des Nettoeinkommens für Lebensmittel aus, heute sind es zwölf. Besonders Fleisch ist zu einem Ramsch- und Lockartikel verkommen, das Bewusstsein für seinen Wert ist verfallen. Manchmal ist im Supermarkt Katzenfutter teurer als Schweinefilet.

Das geht nur, wenn man Tiere in Massen und unter grausamen Bedingungen hält, Schweine auf Spaltenböden unmittelbar über der eigenen stinkenden Gülle und Puten in riesigen Ställen, in denen die Hälfte der Tiere nur noch liegen kann, auf den eigenen kahlen Brüsten sich wie auf Schlitten zur Tränke schiebend. Das geht nur, wenn man das Töten zu einer Akkordarbeit im Verborgenen macht, zu einer entseelten Maloche, von der die Menschen, die das Produkt verzehren, nichts wissen und nichts wissen wollen und eigentlich auch nichts wissen dürfen. Weil sie vor lauter Ekel nämlich nichts mehr kaufen würden.

In dieser Billigfleischwelt können die klassischen Metzgereien an der nächsten Straßenecke nicht mehr mithalten. In Essen zum Beispiel gab es vor kurzem noch ungefähr 50 selbständige Metzgereien, von denen haben fünf allein im Jahr 2003 dichtgemacht, für immer. Am Ende, so schätzt man bei Thönes, werde es in der ganzen Stadt nur noch zehn, zwölf solcher Läden geben.

Aber einen gebe es in Essen, sagt Thönes, dem gehe es blendend, der habe einen zweiten Laden eröffnet, der sei Kreishandwerksmeister, sitze für die CDU im Stadtrat, und wenn man samstags bei ihm einkaufe, treffe man im Geschäft sowohl den SPD-Oberbürgermeister als auch den Fraktionschef der Grünen. Das ist der Metzger, der sich dem Natur-Verbund angeschlossen hat. Das ist doch die einzige Chance der Metzger: etwas Besseres zu bieten, nicht etwas Billigeres.

Zehn Uhr. Es ist hell draußen. Die Arbeit der Metzger ist getan. Elsemann fährt nach Hause, wird ein bisschen schlafen, dann mit den Kindern zu Mittag essen. Am Nachmittag? Er hat noch eine kleine Herde zu Hause, ein paar Kühe in Pension, auch Pflegefälle. Um Mitternacht wird er wieder hier sein.

Dann sind die Schweine dran.

# Ruhm

Alle wollen jetzt berühmt sein. Das ganze Fernsehen ist voll von Berühmtheitswettbewerben. An jeder Ecke wird ein Superstar gesucht.

Da muss man sagen: So geht es nicht. Wir können nicht alle auf einmal berühmt sein.

Bisher waren wenige Leute berühmt, die anderen nicht. Becker, Schröder, Jauch, die Ferres – berühmt. Tante Erna, Onkel Josef, Nachbars Fiffi, ich und du – nicht berühmt. Uns kennt man nur in der Firma und zu Hause, auch da nicht immer gern. Wenn sich das ändern soll, wenn das ganze deutsche Volk berühmt sein will und soll – und zwar nicht als ganzes Volk, sondern in seinen einzelnen Teilen, Kopf für Kopf, Name für Name –, dann muss man bedenken: Es wäre Blödsinn, wenn wir gleichzeitig berühmt wären. So viele Namen kann sich keiner merken, so viele Artikel können die Zeitungen nicht drucken, so viele Sendungen gibt es nicht im Fernsehen. Und es wäre ja auch keiner mehr da, der einen Schreianfall bekommt, wenn man das Hotel verlässt – wenn alle wollen, dass man einen Schreianfall bekommt, wenn *sie* das Hotel verlassen.

Sehen Sie dieses Bild: Unten links, das ist der Dings, der K., der war gestern berühmt. Morgen wird er interviewt werden für die Spalte «Was macht eigentlich der K.?». Und übermorgen kennt ihn wieder keiner mehr, allenfalls wird man, wenn er auf dem Sozialamt in der Schlange hinter einem steht, sich fragen: «Hey, ist das nicht dieser, der bei *Big Brother* immer keine Ahnung hatte, wer Shakespeare war?» Oder ist es am Ende – dieser Shakespeare? Oder der zweite Mann von Frau Strunz? Oder bloß der Freund von der anderen, die ein Verhält-

nis hatte mit dem Duweißtschon, der als Urlaubsvertretung diese Sendung im Lokalfernsehen moderierte?

Vorbei. Das ist der Lauf der Zeit.

Aber nun stellen wir uns vor, die anderen auf dem Bild wären die Berühmten, und der kleine Kerl mit der Brille und dem Mikrofon wäre der einzig Unbekannte und soll gerade dem Fernsehmann erklären, warum er die mit dem lila Anorak so toll findet oder warum er gern so wäre wie der Typ hinten rechts, der mit der roten Kappe.

Das schafft er nicht.

Wir müssen die Sache besser organisieren, Leute! Das ist doch unsere große Stärke.

Wenn man davon ausgeht, dass jeder Deutsche nur eine Viertelstunde lang berühmt sein kann (so war das mal geplant: *fifteen minutes* für jeden) – wie viele Leute können dann am Tag berühmt sein? Hmmmm, wie viele Viertelstunden hat ein Tag?

96.

Ja, aber acht Stunden muss man schlafen, und wenn wir die Augen schließen, kennen wir nicht Vater noch Mutter, da schlafen wir, da kann keiner berühmt sein. Also: Wir rechnen nur mit 64 Viertelstunden pro Tag. Wie viele solcher Wachviertelstunden hat ein Jahr?

23 360.

Also, pro Jahr könnten 23 360 Deutsche so berühmt sein, dass alle anderen Deutschen sie kennen würden. Manche von uns wären erst abends um zehn berühmt, kurz vor dem Schlafengehen, andere früh um sechs, das ist nicht so schön, aber anders geht es nicht.

Wir sind aber 82 Millionen. Wir würden 3510 Jahre brauchen, bis alle einmal dran waren. So lange wollen viele nicht warten.

Machen wir es so: Es muss ja nicht immer nur einer berühmt sein, wir schaffen mehrere zugleich. Wie viele? Zehn? Zu wenig. Hundert?

Wenn immer hundert von uns zugleich eine Viertelstunde lang berühmt wären, dann wären das pro Tag 6400, im Jahr 2,3 Millionen, in zehn Jahren 23 Millionen, hepp!, in 35,6 Jahren wären wir durch, jeder hätte seine 15 Minuten gehabt.

Schaffen wir das? Also, ich kann ohne weiteres jetzt hundert

Prominente aufzählen. Adorf, Becker, Christiansen, Daum, Eichel, Franz … Das geht, hundert Leute kann sich jeder merken, es wechselt in Zukunft nur eben alle Viertelstunde. Harte Arbeit. Aber nach 35 Jahren hätten wir es geschafft, das wäre doch ein Ziel, das würde sich lohnen. Alles eine Frage der Organisation. Der Disziplin. Des Willens. Der deutschen Tugenden.

35 Jahre.

Und dann hören wir auf mit dem Quatsch, ja?

## Das tote Schwein

Das war gleich nach der Wende, als die Grenze offen war und ich meinen Schlafsack in ein Auto packte und losfuhr: nach drüben! Ich fuhr nach Thüringen, bei Hirschberg überquerte ich die Grenze, nahm die erste Ausfahrt, ja, genau: die ich noch nie hatte nehmen dürfen. Und landete in einem kleinen Dorf. Da saßen die Leute am Stammtisch im «Thüringer Hof» und tranken Kaffee mit Rum, seltsam, aber wahr, die halbe Nacht lang tranken sie Kaffee mit Rum, und ich trank mit. Die Geschichte löste sich in lauter kleine Geschichten auf, die Leute erzählten von Stasi-Offizieren, die nachts mit Gaspistolen malträtiert worden seien und, andersherum, von dem Busfahrer, der die ersten Thüringer von hier in den Westen und wieder zurück kutschiert habe und dessen Haus, Tage später, dann in Flammen aufgegangen sei, von der Stasi entzündet. Fünf Leute saßen am Tisch, sie redeten, ja, schrien irgendwann alle zugleich, eine Woge von großer Wut und übrig gebliebener Angst, von Kaffee mit Rum und kleinen Hoffnungen rollte durch den «Thüringer Hof». Ich schlief in dieser Nacht bei Leuten, die eine Leitermacherei hatten – sie fertigten Leitern aus Holz –, besser: Ich lag bei diesen Leitermachersleuten im Gästezimmer auf einem Bett, für den Rest der Nacht. Der Kaffee und der Rum ließen mich nicht schlafen, auch die Aufregung hielt mich wach, und erst kurz vor Sonnenaufgang fiel ich in einen flachen, von schrecklichen Träumen durchzuckten Schlaf. Ich träumte von einer Menschenmenge, die, mit Messern und Äxten bewaffnet, ein Haus stürmte, die Fensterläden zerschlug, die Türen mit Beilen zerhackte, und dann hörte ich einen schrecklichen, langen Schrei, den Schrei einer sehr hohen Stimme, ein Quieken fast. Ich schreckte hoch aus meinem Kaffee-und-Rum-Traum, doch der Schrei hörte nicht auf, als ich wach war, er kam von draußen, durch das Fenster herein. Ich stürzte dorthin, blickte hinunter und sah, dass direkt unter meinem Fenster ein nun schon totes Schwein an einem Gerüst hing. Blut lief in einen Eimer, und ein Metzger betrachtete zufrieden sein Werk.

Bis heute weiß ich nicht, ob das Schwein auch getötet worden wäre, wenn die Grenzen geschlossen geblieben wären. Ich habe vergessen, das zu fragen. Aber immer wird für mich die Wiedervereinigung mit dem Schrei einer sterbenden Sau verbunden sein – seltsam, sehr seltsam.

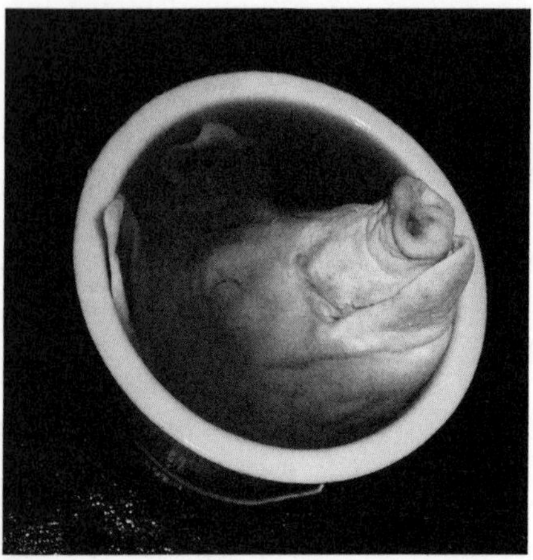

# Wo Hunde (und Katzen) begraben liegen

†

Hier ruht zu ewigem Schlaf meine liebe Mulle

†

Danke, Blanche, für die schönen Jahre

†

Unser Burschi war die Liebe selbst. Für immer unvergessen

†

Für meinen besten Freund Otto

†

Rex

Mein lieber großer Junge

Hab' Dank für Deine Liebe und Treue

Du fehlst mir so sehr

Ich werde Dich nie vergessen

Ich hatte Dich sehr lieb

Dein Frauchen

†

Zum Gedenken an meinen geliebten Mops Willi

†

Unser geliebter Bonzi

†

Schlafe gut, Caesar

†

Überraschend bist du gekommen
überraschend gegangen
in unseren Herzen immer gefangen
Danke Puppi

†

Wutzi, Dein Frauchen vermisst Dich sehr

†

Ali, Du gewesenes Wunder

†

Unbekannter Hund

†

Polizeidiensthunde
Waldo 1936–1954
Brando 1973–1980
Treue um Treue

†

Mein Dickerchen

†

Einsam zu wandern
wie ist es so schwer.
Ohne den Toni
ist alles so leer.

†

Vollkommen an Leib und Seele

Ronja

«Meinst Du, daß Hunde in den Himmel kommen? Ich sage Dir, sie werden schon lange dort sein, bevor auch nur einer von uns dorthin kommt.»

Robert Louis Stevenson

†

Dodo unser Sonnenschein

†

Danke, lieber Teddy, daß es Dich gab

†

Morle

Unser kleiner geliebter Hosenscheißer

†

Elvis – unvergessen

†

Felix

Er war was ganz Besonderes

†

Wenn Liebe könnte Wunder tun
Und Tränen Tote wecken
So würde Dich geliebte
Susi
Jetzt nicht die kalte Erde decken

†

Sibalein, Du warst für mich Glück bis zuletzt
Schlaf gut

†

Sieben Jahre warst Du in meinem Herzen
Bis eines Tages Deines nicht mehr schlug
Es brannten an Deinem Todestag so viele Kerzen
Ich sprach kaum ein Wort, weil dieser mir die Sprache verschlug

Du hast mir Deine ganze Liebe gegeben
Ich danke Dir von ganzem Herzen dafür
Die grausame Krankheit tat Dir Dein Leben nehmen
Immer wieder frage ich mich, warum und wofür

Nun schlafe sanft in Deinem Bettchen
Bis wir uns irgendwann dann wiedersehn
Im Regenbogenland dann spielst Du bei den Häschen
Dein Fortgehn werde ich niemals verstehn

Grabsprüche, gesammelt auf den Berliner Tierfriedhöfen
Lankwitz, Tempelhof und Falkenberg

## Der Bettler

Das war ein kalter Wintertag, so Anfang 1995. Ich ging über den Alexanderplatz in Berlin. Mittagszeit. Da sah ich einen alten Mann in einem weiten dunklen Mantel. Vor dem Eingang zur U-Bahn ging er in kleinen Kreisen, immer herum, immer herum. Er hielt einen Arm ausgestreckt, die Hand flach, und auf der Hand lag ein Zweimarkstück mit dem glänzenden Gesicht Ludwig Erhards.

Ich blieb stehen und sah ihm zu und hörte ihm zu. Seine Stimme hatte einen weichen hessischen Tonfall. Immer wieder sprach er die Passanten mit dem gleichen Satz an: «Bitte um eine milde Gabe!»

Er hatte einen schmalen Kopf. Sein Schnurrbart ähnelte dem von Albert Einstein, die Wangen waren glatt rasiert, das weiße Haar ein bisschen zu lang, aber sorgfältig frisiert. Er sah nicht aus wie ein Bettler. Aber er war einer.

Ob ich ihn zum Essen einladen könne, fragte ich.

Gerne, sagte er.

Wir könnten in eines der kleinen Restaurants am Rand des Platzes gehen, sagte ich.

Er zögerte. Wenn es mir nichts ausmachen würde, sagte er, er würde lieber zu McDonald's gehen.

Natürlich, sagte ich. Aber warum?

Da gebe es mehr zu essen.

Wir stellten uns in die Schlange. Er aß einen Big Mac und eine große Tüte Pommes frites und trank Cola.

Er sagte, es habe eine Zeit gegeben, in der er 98 Kilo wog. Jetzt seien es noch 58, ohne Hemd und Hose, «58 nackt». Er habe Angst davor, dass es noch weniger würde. Manchmal esse er ja den ganzen Tag nichts, obwohl er immerzu auf den Beinen sei, und um zwei fingen dann die Knie an zu wackeln. Er sei schon 66. Das sei der tote Punkt, den müsse er überwinden wie ein Marathonläufer, müsse weitergehen, Kreise ziehen, immer neue Kreise.

Er hatte bessere Zeiten gesehen, lange war das gar nicht her. Vor vier Monaten war er nach Berlin gekommen, die Hoffnung hatte ihn hergetrieben, wie sie viele hertrieb, die sonst nirgendwo mehr etwas zu hoffen hatten, nur noch in Berlin. 65 Jahre lang hatte er sein Leben in Wiesbaden gelebt, die meisten davon mit seiner Frau. Doch sie erkrankte an Leberkrebs, litt jahrelang und starb. Er pflegte sie, aber sie hatten zusammen einen kleinen Laden, den vernachlässigte er, deshalb ging er Pleite.

Und der Laden hatte sie beide ernährt.

Das war nun vorbei. Eine Rente bekam er auch nicht. Bloß 27 Monate lang hatte er Beiträge gezahlt, danach fand er die Ausgabe unnötig, die Geschäfte gingen doch passabel, und er war sein Leben lang ein Mensch voller Zuversicht gewesen.

Jetzt saß er hier.

Er hatte den Mantel ausgezogen, er stammte noch aus der 98-Kilo-Zeit. Darunter trug er ein braunes Wollhemd, und unter dem Wollhemd einen dicken Schal, der seine Brust auf den ersten Blick irgendwie verwachsen aussehen ließ. Keine schlechte Kleidung, die Hose war von guter Qualität, mit Bügelfalte. Die zog er früher im Geschäft an.

Draußen gab es einen Lotterieverkäufer, der redete immer wieder auf ihn ein, er müsse sich schäbiger zurechtmachen, das werde seine Einnahmen erhöhen, einem gut gekleideten Mann gebe man doch nichts.

«Was soll ich denn tun?», sagt der Bettler. «Ich habe nur diese Sachen!»

Er war hierher gekommen, weil Wiesbaden die Stadt war, in der er ruiniert wurde, und weil es dort eine Wohnung gab, in der er nicht mehr leben konnte, ohne die Schreie seiner sterbenden Frau zu hören. Irgendwie hatte er gehofft, in Berlin ein Trödelgeschäft eröffnen zu können. Jemand hatte ihm das eingeredet; dieser Mann behauptete auch, Geld dafür zu haben, doch er verschwand eines Tages einfach, damit war die Sache erledigt.

Ein kurzes Auskommen fand er als Portier eines Sexclubs in Charlottenburg. Da drin warteten zwei armselige Mädchen halb nackt auf Arbeit, während er draußen den Passanten auftragsgemäß zwanzig Klasseweiber versprach. Hinterher beschimpften ihn die Enttäuschten. Das ertrug er zwei Wochen. Dann kündigte er.

Nun bezog er Sozialhilfe. Mit diesem Geld bezahlte er seine Schulden. So hoch seien die gar nicht, sagte er, und er habe die Hoffnung, doch nochmal mit einem Laden anzufangen, wenn er den Kredit erst zurückgezahlt habe. Nächstes Jahr vielleicht. Er lebe von dem, was er sich erbettele. Eine Wohnung? Nein. Das Obdachlosenasyl verließ er, weil dort alle rauchten und tranken. Er bekam Kopfweh vom Rauch. Und Alkohol verachtete er.

Aber Sozialhilfe bekommt nur, wer eine Adresse hat, unter der er gemeldet ist. Als er das erfuhr, stellte sich der Mann auf den Kurfürstendamm und rief immer wieder in die Menge: «Wer gibt mir eine Meldeadresse? Biete 50 Mark!»

Ein Herr aus Spandau war so freundlich.

Bei ihm holte sich der Bettler nun zweimal pro Woche seine Post ab, und einmal im Monat zahlte er dafür.

Einen Nachtisch?, fragte ich. Oder noch einen Salat?

Danke, mehr vertrage nun wieder sein Magen nicht.

Aber einen Kaffee?

Einen Tee, bitte.

Ich holte den Tee. Und wo schlafen Sie?, fragte ich.

Diese Arbeit beginne, wenn es dunkel werde, sagte er. Er rufe dann wieder und wieder: «Wer gibt mir Quartier!? Biete 40 Mark die Nacht!» Nie habe er auf der Straße schlafen müssen. Es gebe genug Leute, die einen für Geld auf der Couch schlafen ließen, auch mal zum Wochenendtarif, 60 Mark für zwei Nächte.

50, 60 Mark nahm er an guten Tagen ein. Anfangs stand er auf dem Kurfüstendamm, im Westen. Aber er lernte, dass man auf dem Alexanderplatz, im Osten, dreimal mehr bekam. Warum? Wer weiß!?

Nun ging er nur noch am Wochenende zum Ku'damm, da war der Alex menschenleer. Montags und dienstags durfte er vor dem Lotteriewägelchen stehen, der beste Platz. Er gehörte dem Mann, der die Obdachlosenzeitung verkaufte, aber nur mittwochs bis freitags. Dann musste der Bettler hinüber vor den Kaufhof, wo das Gedränge dichter war und man die Leute schlechter ansprechen konnte.

Noch einmal anfangen!, sagte er. Das wär's.

Er habe so gehofft, hier etwas werden zu können, ein Rädchen in der Maschinerie der großen Stadt, getrieben von ihrer großen Kraft. Er hoffte es auch immer noch, obwohl er nun durch die Welt irrte wie ein Planet, der seine Flugbahn nicht mehr fand.

«Ich bin gut in Korrespondenz, ich könnte im Büro arbeiten», sagte er. Und er träume von einem Laden, «was Lukratives, wo ich nicht Pleite gehen kann».

Am Sonntag werde er sich eine Wohnung ansehen. Es gebe 21 Interessenten. Aber vielleicht …

So redete er. Ich stellte mir vor, das Betteln sei eine Art Krankheit, die das Herz angreift. Und es war, als habe diese Krankheit noch nicht Zeit genug gehabt, in das Innerste dieses Mannes vorzudringen, als müsse sie sein Herz erst noch erobern und die verzweifelte Hoffnung töten, die sich dort verbarrikadierte, fast ausgehungert schon und ganz allein, aber noch am Leben: diese Hoffnung.

Noch hatte der Mann nicht die leeren Augen jener, die stumm den Hut anstarren, der vor ihnen auf der Straße steht. Noch guckte er die Leute an, bevor er auf sie zutrat.

Wir verabschiedeten uns. Er nahm seine Kreise wieder auf, ich schaute ihm aus einiger Entfernung noch eine Weile zu, wie ihn die Passanten anzogen und wieder abstießen. Es sah aus, als schwebe eine Hand über den Platz und ein alter Mann gehe ihr unaufhörlich hinterher.

## Dieter Banane

Banane war ein kleiner Mann mit glatt gekämmtem Haar und einer Haut, die zu selten an die Sonne kam. Er lebte hinter dunkelbraun gestrichenen Türen in zwei Zimmern direkt hinter seiner Kneipe. Die hieß «Zur Banane» und lag im Wedding. Weil mich der Name irgendwie interessierte, ging ich hinein, stellte mich an den Tresen und bestellte ein Bier, morgens um elf.

Das war Mitte der neunziger Jahre.

Dieter Banane war allein in der Kneipe. Wir redeten über dieses und jenes. Ich fragte nach seinem Leben, und er antwortete. Zwischendurch kamen Leute, tranken etwas und gingen wieder, keiner dabei, den Banane nicht gekannt hätte, alles Leute von nebenan.

Banane wurde kurz nach Kriegsende in der Soldiner Straße geboren. Seither war seine Wohnung immer hier gewesen, und dass seine Adresse nun «Ritterlandweg» hieß, änderte an der Sache nichts. Der Ritterlandweg ist nämlich die Verlängerung der Soldiner über die Provinzstraße hinweg und führt noch tiefer in den Wedding hinein.

«Ick jeh nie aus den Kiez hier weg», sagte Banane, als sei die Straße ein Dorf und die nächste Siedlung zehn Kilometer entfernt. Und als führe nur einmal am Tag ein Bus dorthin.

Bananes Kneipe hatte zehn Tische und dreißig Stühle und einen Tresen mit Hockern davor. Einen Spielautomaten gab es, der dann und wann leise wie ein Hündchen fiepte, auch eine stumm frierende Eistruhe und einen Sparverein, «Zur lustigen Banane» war sein Name. Wenn Dieter hinter seinem Zapfhahn mal telefonierte, sagte er: «Hier spricht Dieter Banane!» Oder, falls eine Frau seiner Stimme lauschte: «Süße, dein Bananchen ist da!»

Er hieß ja nicht wirklich so, aber er war mal Obsthändler von Beruf gewesen.

Als der Krieg zu Ende ging, gab es ja noch Kuhställe in dieser Gegend, das ist lange vorbei. Nun ist die Gegend eines der Berliner Problemviertel, viele Ausländer leben hier und Leute mit wenig Geld. Aber damals holten sie morgens frische Milch direkt von der Kuh, «ach, war det scheen», seufzte Banane. Elf Kinder waren sie, er war das fünfte, zwei waren schon tot, als ich Banane traf. Sein Vater war Elektriker, ein braver Mann, und dennoch fanden ihn 1972 Schulkinder in der Panke, dem Flüsschen, das die Soldiner Straße kreuzt. Er hatte ein Messer im Rücken, warum, blieb für immer ungeklärt. Der Mann, den die Polizei verhaftete, wurde freigesprochen, aus Mangel an Beweisen.

Seine Mutter lebe noch, sagte Banane, bald werde sie ihren 80. Geburtstag hier feiern, in der Kneipe, die Geschwister müssten aber alle einen Unkostenbeitrag zahlen, umsonst sei der Tod.

Als Banane ein Kind war, lauschte er immer dem Obsthändler vor der Tür: wie der seine Ware anpries. Und er sah staunend zu, wie er aus Zeitungen Tüten drehte. Das übte Dieter dann zu Hause. Er konnte es immer noch, machte es mir in Sekundenschnelle vor und rief, als er fertig war: «So leicht is' det Leben!» Banane hatte einen kleinen Sprachfehler, zog manche Konsonanten nach wie ein Hinkender das Bein, aber dieser Satz kam ihm glatt über die Lippen.

Mit 14 wurde er Gehilfe des Standbesitzers, später machte er seine eigene Bude auf, warum denn nicht?, er kannte doch alle Tricks. Wie man beim Wiegen ein Gewicht mit in die Tüte schmuggelt. Wie man durch ein Loch, das man beim Falten offen lässt, schnell einige Zwetschgen wieder hinausrieseln lässt, bevor man die Ware dem Kunden reicht. Wie man überhaupt Käufer lockt. Ganz laut und sehr lebendig wurde Banane plötzlich, holte ein Fünfmarkstück aus der Tasche, warf es aufs Parkett, stellte den Fuß drauf und schrie: «Wo sind meine fünf Mark?! Ick habe fünf Mark verloren!» So was habe seine Wirkung nie verfehlt, sagte er. Schnell hätten da zehn Leute herumgestanden, und sobald es genug waren, klaubte er das Geld auf, wieselte hinter seinen Stand, um den Wartenden was zu verkaufen.

Nach einer Weile hatte er ein richtiges Obstgeschäft eröffnet, in der Soldiner Straße natürlich. Irgendwann übernahm er auch die Kneipe nebenan und betrieb sie zusammen mit seiner Frau, ohne sie wäre es nicht gegangen. Nachts um eins musste er zum Fruchthof, und wenn noch Gäste da waren, weckte er die Frau, damit sie weiterzapfte.

Es muss ein hartes Leben gewesen sein, aber das erzählte Banane nicht. Er sagte bloß, dass seine Frau ihn irgendwann vor die Wahl gestellt habe: «Icke oder die Kneipe!» Und dass er geantwortet habe: «Die Kneipe.» Sie ließ sich scheiden, und Banane sagte zu mir: «Nu' bin ick alleene. Is' ooch scheen.» Aber es klang nicht so, und er schaute auf den Boden dabei.

Er hat dann den Laden aufgegeben und die Kneipe behalten. «Det Obstjeschäfte war im Winta so kalt», sagte er, «aber inne Kneipe war et imma scheen warm, und det Zeuch, wat man vakooft, wird nie schlecht wie die Bananen und Orangschen.» Als die Mauer fiel, nur hundert Meter von hier, kündigte die Hausbesitzerin seinen Vertrag und vermietete an einen Motorradhändler.

«‹Det is' jetze Zitty hier›, hat die zu mir jesacht», sagte Banane, «da is' keen Platz mehr für Kneipen.» Aber es ist nie eine City aus der Gegend geworden, damals nicht und heute erst recht nicht, und morgen wird es schon dreimal keine.

Einmal wollte jemand aus Bananes Kneipe eine Disco machen, das ließ sich verhindern. «Det is' 'ne Arbeiterkneipe hier», sagte Banane. «Hier komm' die Leute zum Reden her, und wenn eina janz still is', denn weeß ick schon, warum, und sage: ‹Haste wieda deine Frau inne Fresse jeschlagen? Det macht man nich'! Wenn se nich' aufhört zu meckern, denn ziehste ruhig dein Jackette an, und denn jehste zu Banane, und wenn se wieda ruhig is', jehste zurick.›»

Er war damals schon zweimal geschieden. Seit einem Jahr trinke er keinen Alkohol mehr, nur noch Kaffee – außer Fasching, da habe er eine Ausnahme gemacht. Manchmal verschwand er, während wir redeten, nach hinten, in seine Wohnung, und kehrte mit einem kalten Eierkuchen zurück, den hielt er zwischen den Fingern und aß ihn hastig. Manchmal hatte er auch keinen Eierkuchen, kaute bloß an den Nägeln und hatte einen nervösen, nach innen gerichteten Blick.

Einmal, als er gerade wieder hereingekommen war, sprach er er von einem Arztbesuch am nächsten Montag, und als ich fragte, was für ein Arzt das sei, sagte er, dass es um die Durchblutungsstörungen im Bein gehe, dass man ihm schon vor zwei Jahren ein Bein habe abnehmen wollen und dass es nun wohl endgültig so weit sei. Aber er blieb nicht bei dem Thema, schnell redete er wieder über etwas anderes. Nur dass er Diabetes habe, sagte er noch.

Ich ging dann irgendwann, Banane redete kaum noch, und ich musste mich ein wenig hinlegen, es war nachmittags um fünf, und ich war nicht bei einem Bier geblieben.

Acht Jahre lang kam ich nicht mehr in die Gegend, dann fuhr ich noch einmal zum Ritterlandweg: nachsehen, ob es Banane noch gab. Aber die Kneipe war weg, da war jetzt eine andere, «Zum Stübchen», jedoch geschlossen, mit heruntergelassenen Jalousien. Ich ging in das Lokal gegenüber und fragte nach Banane. Der sei gestorben, sagte einer am Tresen, «hatt 'n Flash jehabt und lag eines Tages tot auf dem Fußboden. Is' schon 'n paar Jahre her.»

«Und, hatten sie ihm ein Bein abgenommen, oder hatte er noch zwei?»

«Weeß ick nich', ick habe den nich' jekannt, ha'ck nur jehört.»

Die Kneipe, die da nun war, sei auch schon seit einer Weile geschlossen, da komme wohl was ganz anderes hinein.

Das Haus war eingerüstet, irgendwo arbeitete ein Maler an der Fassade, und ich dachte, warum es immer nur für berühmte Leute solche Gedenktafeln an den Häusern gibt. Warum sich das nicht auch für einfache Menschen machen lässt, für Banane zum Beispiel. Man müsste schreiben: «Hier wohnte Dieter Banane, kämpfte sich nach seinen Möglichkeiten durchs Leben und verlor am Ende doch.»

# Lob der Provinz

Nach Halberstadt wäre ich nie im Leben gekommen, hätte mich nicht eine Zeitschrift dahin geschickt. Ich sollte eine Geschichte über das Leben an der früheren innerdeutschen Grenze schreiben, die verlief ja nicht weit von hier, im Westen Sachsen-Anhalts und im Osten Niedersachsens. Ich suchte ein Hotel, von dem aus ich hierhin und dorthin fahren könnte, fand es eben in Halberstadt, blieb ein paar Tage.

Und verließ die Stadt – schwärmend.

Ich wusste wenig über den Ort, nur irgendwo hatte ich mal gehört, er sei im Krieg beinahe komplett zerbombt worden. Das hatte ich ganz richtig verstanden, man sieht die Folgen bis heute, wenn man am Bahnhof aus dem Zug steigt und ein nachgerade erbärmliches Stationsgebäude betritt, ein fast 60 Jahre nach dem großen Bombardement immer noch ganz zertrommelt dastehendes Haus aus roten Backsteinen, das umso trauriger wirkt, je mehr man von den gleißenden neuen Bahnhofswelten anderswo gesehen hat. Wie ein kleiner, trauriger, abgerissener Bub steht der Bahnhof da, ein Bub, dem man am liebsten über den Kopf streichen möchte und sagen: Hey, wo sind denn Mama und Papa? Haben sie dich ganz vergessen hier?

Im Zeitungsladen kaufte ich einen schmalen Halberstadt-Bildband, ließ den Bahnhof in meinem Rücken zurück und spazierte die Richard-Wagner-Straße hinauf bis zum Heinrich-Heine-Platz. Ja, das ist seltsam, man kommt hier über den Antisemiten Wagner zum Juden Heine, aber viel seltsamer ist (das las ich dann in meinem Bildband), dass der Heinrich-Heine-Platz ursprünglich gar nicht nach Heinrich Heine benannt ist.

Sondern? Nach Friedrich Heine.

Und das kam so: Dieser Friedrich Heine war ein Fleischergeselle, kam 1881 aus dem Dorf Barleben in die Stadt, angeblich nur mit sechs Pfennigen im Hosensack, seltsam eigentlich: Wenn er doch aus Barleben kam …

Aber zwei Jahre später hatte er schon eine eigene Metzgerei, und 1901 baute er seine erste Fabrik – für Dosenwürstchen. Heine-Würstchen aus Halberstadt waren berühmt und sind es noch, und weil dieser Heine so erfolgreich war, benannte die Stadt nach dem 1929 Verstorbenen Anfang der dreißiger Jahren einen Platz. Nur eben nannte sie den nicht Friedrich-Heine-Platz, sondern bloß Heine-Platz. Vielleicht wussten sie gar nichts von Heinrich Heine, vielleicht wollten sie sozusagen mehrere Fliegen mit einer Klappe schlagen und alle Heines gemeinsam ehren. Jedenfalls wurde daraus in der DDR, weil man keinen Kapitalisten ehren wollte, ein Heinrich-Heine-Platz.

Eigenartig, wie Wurst und Dichtung da zusammenfanden. Aber

wenn man dann ein paar Tage hier gewesen ist, denkt man: Irgendwie ist es auch sehr halberstädtisch.

Warum?

Nun, es gab ja hier den alten Gleim, «Vater Gleim», wie viele ihn nannten, also: Johann Wilhelm Ludwig Gleim. Zu dessen Haus, dem Gleim-Haus, gelangt man vom Heine-Platz aus Richtung Fischmarkt und dann zum Domberg hinaufgehend. Gleim (1719 geboren, 1803 gestorben) war Domsekretär von 1747 bis zum Ende des Jahrhunderts, aber das war das Wenigste, was er darstellte. Gleim war auch ein Dichter, sogar ein sehr bekannter in seiner Zeit. Er wollte poetisch, naiv und volkstümlich darstellen, was das Volk dachte und fühlte, und das gelang ihm zu Zeiten auch, jedenfalls war er in Goethes und Schillers Jugendjahren sehr populär.

Aber das ist es auch nicht, was von Gleim geblieben ist.

An Gleim erinnert vor allem dieses Haus. Man gelangt dort über knarzendes Parkett in zwei stille Zimmer; da hängen Bilder an der Wand, Porträts der Freunde dieses Gleim. Zeit seines Lebens pflegte er eine Art Freundschaftskult, hielt Kontakt zu vielen bekannten und unbekannten Künstlern seiner Zeit, schrieb ihnen, besuchte sie, ließ sich von ihnen besuchen – und jeden ließ er malen. Da hängen sie nun seit mehr als zwei Jahrhunderten in seinen Freundschaftszimmern, Tischbein und Klopstock, Voß und Bürger, Heinse und Moritz, Wieland, Lessing, Jean Paul, Herder, Winckelmann, Möser, Seume, rund 130 Ölporträts, einige Meisterwerke darunter, nahezu das gesamte geistige Deutschland seiner Zeit, des 18. Jahrhunderts.

Keiner von Rang in seinen Jahren, den er nicht und der nicht ihn gekannt hätte. Mit Lessing verband ihn viel, mit Goethe und Schiller weniger, für sie war er Repräsentant der überwundenen Aufklärung und noch dazu kein wirklich akzeptabler Dichter. Er habe, schrieb Schiller, von Gleims dichterischem Talent «keine sehr hohe Idee». Goethe spottete über seine «breite Poesie», was wiederum den Halberstädter seufzen ließ. «Ich fürchte mich vor Göthen», es sei ihm kalt in seiner Gegenwart, denn «Göthe spottet seiner Freunde, der ist glücklich, der sein Freund nicht ist».

Freundschaft war sein (und nicht nur sein) Begriff von Aufklärung,

ihr widmete Gleim diesen Freundschaftstempel, von dem es keinen zweiten gibt im Land. Klopstock, der sein bester Freund war, schrieb überschwänglich, wie es nun mal seine Art war, eine Ode über Gleims «brennenden Durst, Freunden ein Freund zu sein».

Freundschaft?

Das bezeichnete damals weniger ein Gefühl zwischen zweien, sondern es meinte Gleichklang vieler, einer Gruppe von Bürgern. Es ging diesem Gleim um ein moralisches Prinzip: das Einstehen füreinander. Nicht wenige der Freundschaften Gleims begannen mit Geldgeschenken, die mit Jean Paul zum Beispiel oder mit Johann Gottfried Seume, und kaum kannte er Gottfried August Bürger, schon war er damit beschäftigt, dessen miserable Lage zu verbessern, lieh und schenkte Geld. Er vermittelte Lehrstellen, übernahm Patenschaften bei Kindern Wielands und Herders. Und noch einem Knopfmacher, der seine Familie nicht mehr ernähren konnte, weil seine Knöpfe aus der Mode waren, schenkte er jahrelang täglich Geld fürs Brot.

Er war ja gut gestellt, als Domsekretär und durchaus erfolgreicher Geschäftsmann, und eine Familie hatte er nicht zu ernähren. So wurde er einer der bedeutendsten bürgerlichen Mäzene seiner Zeit. Rund 10000 Briefe, die er schrieb und erhielt, sind im Gleim-Haus erhalten, darunter jener, mit dem ihn Wieland 1770 um Unterstützung für einen jungen Dichter namens Wilhelm Heinse bat: «Sein Genie ist noch brausend und trübe wie junger Wein ... Aber gleichwohl kann was Großes aus dem jungen Manne werden.»

So etwas ließ Gleim sich nicht zweimal sagen, er schickte dem jungen Kerl gleich ein paar Goldstücke, beglich dessen Schulden und ließ ihm noch ein paar Hemden nähen, die Heinse für eine Reise benötigte. Jener schrieb zurück: «Ich verehre Sie, göttlicher Gleim, als den edelsten Mann, den ich bis jetzt auf dieser Erde kenne. Das ist alles, was ich bis jetzt für Ihre väterliche Liebe gegen mich geben kann – aber der Gedanke davon lebt immer in der innersten Seele Ihres auf Lebenszeit ergebensten Heinse.»

Gleim nannte ihn «den liebsten aller Söhne».

So schrieb man damals. Heinse lebte dann sogar eine Weile in Halberstadt, was Gleim der Erfüllung seines Traums ein wenig näher

brachte, aus dem Ort so eine Art Athen oder doch ein Weimar zu machen, einen Sammelpunkt der Künste und Wissenschaften. Das überstieg denn doch seine Kräfte, und auch Heinse, den heute kaum einer kennt und der auch zu seiner Zeit ein Außenseiter war, reiste wieder ab, zu Gleims zunächst bitterer, dann allmählich verwundener Enttäuschung. Wohin? Nach Rom natürlich.

Ach, man mag den Mann einfach, wie er einem so aus all den Briefen und Bildern entgegentritt, «so herzlich ward ich noch von keinem Gelehrten empfangen», schrieb Jean Paul 1798 über Gleim an einen Freund. «Setz ihn Dir aus Feuer und Offenheit und Redlichkeit und Mut und preußischem Vaterlandseifer ... und Sinn für jede erhöhte Regung zusammen und gib ihm noch zum breitesten literarischen Spielraum einen ebenso weiten politischen, so hast Du ihn neben Dir.»

Übrigens geht man dann im Gleim-Haus wieder zur Tür, und was sieht man? Einen sehr alten Spazierstock, den einst der preußische General von Ziethen Gleim schenkte, ja, der sprichwörtlich gewordene alte «Ziethen aus dem Busch». Und eine Urkunde, mit der ein Herr Ebert aus Hamburg diesen Stock einem gewissen Heinrich Heine in Karlsruhe vermachte – 1991! Und eine weitere Urkunde, mit der ebendieser zeitgenössische Heinrich Heine drei Wochen später diesen Stock dem Gleim-Haus vermachte.

Heine überall in Halberstadt. Denn kaum tritt man aus dem Gleim-Haus und wendet sich nach rechts, steht man vor dem «Heineanum», das ist: eine reichhaltige ornithologische Sammlung, welche im 19. Jahrhundert wiederum einer namens Heine (hier: Ferdinand sen.) zusammentrug, 11 500 Präparate sind es. Ferdinand Heine – so lese ich in einer Broschüre – starb 1894, und «die deutsche ornithologische Fachwelt hatte mit ihm einen bedeutenden Förderer, Mitbegründer der Deutschen Ornithologen-Gesellschaft und Nestor der Vogelkundigen verloren» – ach, wie doch im Zusammenhang mit Vogelkundlern das Wort «Nestor» so anders klingt!

Sein Sohn, auch ein Ferdinand, führte das Erbe fort, und noch heute kann man durch die Schätze der Sammlung spazieren, ausgestopfte Vögel betrachten, auch eine Heine-Tangare aus Kolumbien, benannt nach Ferdinand Heine sen., und drei Eisvögel von den Molukken, den Neuen Hebriden und aus Neuguinea, jeder von ihnen ein Heine, und jeder namentlich bezeichnet nach einer Schwester von Ferdinand Heine jun.

Ja, und dann tritt man wieder heraus aus diesem Heineanum und denkt, nun ist aber Schluss, nun gehe ich und lege mich ein Weilchen hin, da entdeckt man, dass gleich nebenan das Städtische Museum sich befindet und …

Na, wenn man schon mal da ist! Es ist nämlich so, dass sich in diesem Haus die Trompete von August Binkebank befindet, ein heute weitgehend vergessenes, doch einst deutschlandweit bekanntes Instrument. Nämlich: August Binkebank, das war der Trompeter der Halberstädter Kürassiere am 16. August 1870 in der Schlacht von Mars-la-Tour, das ist in Lothringen. Da ritten die Kürassiere aus Halberstadt in die französischen Reihen hinein.

Indes: Es war ein Todesritt.

«Zwei Drittel unseres Regiments waren tot oder verwundet», schrieb Binkebank später nach Hause, «und je weiter wir in den Feind hineinritten, desto weniger wurden meine Kameraden. Zuletzt waren wir nur noch sechs. Da machten wir denselben Weg über Hunderte von Leichen wieder zurück. Mein Rappe blutete bereits aus fünf Wunden. Endlich bei meinem Kommandeur angekommen, befahl mir dieser, ‹Appell› zu blasen. Aber welch kläglicher Ton kam da zum Vorschein. Meine Trompete war von einer Kugel durchbohrt, ohne daß ich etwas davon wußte. Sie war mir auf dem Rücken zerschossen.»

Ja, und da hängt sie eben, die Trompete, und mitten in ihr, wo das Metall sich krümmt, da klafft ein Loch. Gegenüber, hinter Glas: ein riesiges Diorama der Schlacht mit Hunderten von Zinnfiguren – und irgendwo muss da August Binkebank sein, aber ich fand ihn nicht, nur daneben eine Tafel, auf der von den engen Beziehungen des Halberstädter Museums zum «Musée de Guerre 1870» in Gravelotte die Rede ist.

Man liest: «Das Anliegen beider Museen, trotz der objektiven Würdigung der militärischen Leistungen der Vorfahren, den Krieg nicht zu glorifizieren, sondern die Ausstellungen als Mahnung an die heute lebenden Generationen zu begreifen, fand im März 1995 seinen Niederschlag im Abschluß eines Freundschaftsvertrages.»

Nur falls ein Museumsbesucher die Deutschen nach Betrachtung der Ausstellung versehentlich für kriegslüstern gehalten haben sollte …

Binkebank überstand den Krieg übrigens unverletzt, aber er zog sich eine Tuberkulose zu und musste allein von seiner Pension leben, bis 1873 die *Gartenlaube* einen Aufruf druckte, ihm doch irgendwo eine Arbeit zu geben, als Aufseher in einem Geschäft vielleicht. Die damit verbundene Sammlung ergab 608 Taler für Binkebank und eine Anstellung auf einem Rittergut bei Grimma. Dort starb er dann, der Gute, am 28. Mai 1879, nur 33 Jahre alt.

Freiligraths Verse über den Todesritt von Mars-la-Tour im Kopf, betrat ich den Domplatz:

«Und er nahm die Trompet, und er hauchte hinein;
da, – die mutig mit schmetterndem Grimme
uns geführt in den herrlichen Kampf hinein,
der Trompete versagte die Stimme.

Nur ein klanglos Wimmern, ein Schrei voll Schmerz,
entquoll dem metallenen Munde;
eine Kugel hatte durchlöchert ihr Erz, –
um die Toten klagte die wunde!

Um die Tapfern, die Treuen, die Wacht am Rhein,
um die Brüder, die heut gefallen, –
um sie alle, es ging uns durch Mark und Bein,
erhub sie gebrochenes Lallen.

Und nun kam die Nacht, und wir ritten hindann,
rundum die Wachtfeuer lohten;
die Rosse schnoben, der Regen rann –
und wir dachten der Toten, der Toten!»

Die Toten, die Toten … 35 Minuten dauerte das Bombardement der Stadt am 8. April 1945, von 11.25 Uhr bis zwölf Uhr. Danach brannte die Stadt drei Tage lang. An Löschen war nicht zu denken, das Wasserleitungsnetz war komplett zerstört. 2500 Menschen kamen ums Leben, die anderen flohen in den Harz oder die benachbarten Dörfer. 82 Prozent aller Gebäude waren zerstört. Der Dom allein hatte zwölf Volltreffer erhalten, gleich gegenüber ragte «wie ein hohler Zahn» die Turmruine der Liebfrauenkirche aus dem zerstörten Kirchenschiff, schrieb der Architekt Walter Bolze in einem Buch über das «Halberstädter Kirchenwunder» – so nennt man das, was ebendiesem Bolze nach dem Krieg gelang. Nämlich diese beiden bedeutenden Kirchen sowie die ein paar hundert Meter entfernte Martinikirche, mit ihren beiden ungleichen Türmen das Wahrzeichen der Stadt – alle diese Kirchen also doch zu retten.

Ich stand zwischen Dom und Liebfrauenkirche auf dem Domplatz neben einigen herrlichen Fachwerkhäusern und dachte, dass dies zweifellos einer der schönsten Plätze Deutschlands sei, und wie viele andere wunderbare Plätze es im Land gibt, in Städten, die den meisten so unbekannt sind, wie mir Halberstadt war, sei es der Altstadtmarkt in Braunschweig, sei es der Markt in Coburg oder der in Bamberg …

Und dass es solche Entdeckungen wie hier in vielen anderen deutschen Provinzorten zu machen gibt, dachte ich, Orte, die viele Deutsche nie besuchen werden, Naumburg, Memmingen …

Dass man also die deutsche Provinz nicht genug loben kann, dachte ich.

Ich ging in mein Hotel. Gar nicht mehr überraschenderweise hieß es: «Villa Heine».

## Schönberger

Er wartet im Hotelfoyer, in Dresden. «Hätten Sie mich denn jetzt noch wiedererkannt?», fragt er.

«Ich weiß nicht», sage ich. «Wir waren ja verabredet. Aber einfach so auf der Straße …? Ich glaube nicht. Sie haben auch keinen Schnauzbart mehr.»

Er ist schlank und groß und trägt einen gestreiften Rollkragenpullover, darüber eine grüne, mit Leder besetzte Strickjacke. Unter dem Arm hat er eine Ledermappe.

«Wie alt sind Sie jetzt?», frage ich.

«Was schätzen Sie?»

Er sieht aus, als würde er Vergnügen an der Antwort haben. Sicher treibt er regelmäßig Sport, denke ich. Man sieht es ihm an.

«Vielleicht 47.»

Er lacht. Er ist 57.

«Sie haben wahrscheinlich gute Gene», sage ich. «Ihr Vater war damals 86. Ein gesegnetes Alter.»

Es ist mehr als 13 Jahre her, dass wir uns getroffen hatten. Sein Vater sei zwei Jahre später gestorben, sagt er, eine Ader im Hirn sei geplatzt, er habe mit dem Auto fahren wollen und noch etwas aus der Wohnung geholt, der Vater – da sei es passiert. Alles sei sehr schnell gegangen.

Damals, 1990. Ich hatte eine Woche lang in Dresden zu tun gehabt, hatte dort eine kleine Notiz in einer Zeitung gelesen, die mich interessierte, hatte mich ins Auto gesetzt und war an den Stadtrand gefahren. Dort hatte der Vater seine Firma in kleinen, verwitterten, verfallenden Gebäuden. Sie hieß: *Erschöna*, von Erich Schönberger, dem Namen des Alten. Der war einer der nicht sehr vielen privaten Unternehmer in der DDR gewesen. Seit dem Krieg hatte er mitten im Sozialismus eine eigene Firma gehabt. Er produzierte «Brühpaste», ein Pulver, aus dem man Fleischbrühe machen konnte wie aus Brühwürfeln. Und Worcestersauce stellte er her, «Worschäster», sagte er. Hans-Jürgen, sein Sohn, sagt es noch heute.

Gab es eine größere Herausforderung, als in der DDR-Mangelwirtschaft Worcestersauce herzustellen?

«Unter den Bedingungen im Westen», sagt Hans-Jürgen Schönberger, «wenn mein Vater sich voll hätte entwickeln können, da wäre was Großes, was ganz Großes aus ihm geworden. Das war der geborene Geschäftsmann.»

Erich Schönberger hatte zum Beispiel schon in den dreißiger Jahren eine LKW-Schneekette erfunden, «Schönbergers Manschettensteg-Eis-und-Schneegreifer». Eine ganze Brauerei rüstete ihren Fuhrpark damit aus. Auch einen Volkswohnwagen hatte er gebaut und Gedichte verfasst, eines betraf eben den Wohnwagen:

«Dem schaffenden Volk soll er Erholung bringen.
Sein Loblied wird man bald in allen Gauen singen.
Man sehnt sich nach ihm – der Wunsch wurde zur Tat.
Er ist da – wird Dir Kamerad.»

Das hatte dann die Firma Auto-Müller in Wuppertal-Elberfeld in die Prospekte gedruckt, vor dem Krieg.

Nach dem Krieg traf Erich Schönberger einen Freund wieder, der eine Fabrik für Fleischbrühe besaß. Die bauten die beiden gemeinsam wieder auf. Sie produzierten Sirup aus Rübenblättern und Majoranbrotaufstrich und Ersatzsülze, «um etwas zu schaffen, das man essen konnte, auch genussmäßig», wie Schönberger sagte. Ein anderer Freund besaß ein Labor, in dem tüftelten sie so lange, bis sie wasserlösliche, in Gläser abfüllbare «Brühpaste» produzieren konnten – und nach jahrelanger Arbeit auch Worcestersauce und noch etwas, das hieß «Bratensoße Ungar.-Gulaschart». Alles große Erfolge in der DDR.

Erich Schönberger sprach mit unglaublicher Begeisterung von diesen Dingen, und ich dachte: Ob es bei Maggi oder Zamek oder Knorr jemanden gibt, der so überzeugt ist von dem, was er tut? Manchmal, rief Schönberger, tue er sich ein ganzes Fläschlein «Worschäster» auf einen Teller Makkaroni, oh, wie das schmecke! Und einen Arzt kenne er, der habe immer zwei Flaschen in der Garage, weil er morgens vor der Abfahrt in die Klinik noch einen Schluck nehme.

Das alles war nach der Wende und kurz vor der Einführung der Deutschen Mark in der DDR. Hans-Jürgen Schönberger, der Sohn, hatte schon Kontakt zu westdeutschen Nahrungsmittelfirmen aufgenommen: Ob die seine Brühpaste und die Worschäster nicht gebrauchen könnten? Aber die brauchten nichts, im Gegenteil, sie wollten was verkaufen, neue Märkte erobern. Schönberger junior merkte das nicht nur bei der Erschöna, sondern auch bei seiner zweiten Firma, die er seit 1977 in Dresden betrieb. Er schälte dort Mandeln für die Backwarenindustrie, einer von zwei Betrieben, die so etwas in der DDR machten, bis zur Wende.

Danach «kam der Westen», wie man hier immer noch sagt, alle sagen: «Als dann der Westen kam ...»

Da habe er seine Firma sofort schließen können, sagt Schönberger heute, «kam ja alles von drüben, Mandeln gehobelt, geraspelt, im Ganzen – alles».

Aber diese Schönbergers sind Leute, um die man sich nie Sorgen machen muss. Die könnte man irgendwo auf der Welt aussetzen, die würden nach ein paar Tagen irgendwo eine Marktlücke entdecken, eine Chance für ein kleines Geschäft und dann für ein größeres. So ein Schönberger kommt immer durch.

«Um mich ist mir nicht bange», sagte Hans-Jürgen Schönberger 1990. «Ich kann viel machen.»

«Musste ja weitergehen», sagt er heute. «Nützte ja alles nichts.»

Über wie viele Lebensläufe kleiner Leute könnte man das als Überschrift setzen?: Musste ja weitergehen. Nützte ja alles nichts.

Den Mandelschälbetrieb musste er gleich schließen, die Brühpastenproduktion bald danach. Man hatte keine Rücklagen bilden können unter DDR-Bedingungen, bei 87 Prozent Steuerlast. Und die Gebäude, in denen sie produzierten, waren heruntergekommen. Sie hätten renoviert werden müssen, weil nach der Wende plötzlich schärfer auf die Einhaltung von Hygienebestimmungen geachtet wurde; in der DDR war man laxer gewesen, brauchte ja die Brühpaste, da drückten die Behörden schon mal ein Auge zu. Aber jetzt? Das Gelände war auch nur gemietet, und der Eigentümer wollte es verkaufen. Also war Schluss.

Und wie ging es weiter?

Na, er kannte ja nun mal all die Küchen und Kantinen, denen die Schönbergers bisher Brühpaste geliefert hatten, mehr als 2000 waren das gewesen. In der DDR versorgte sich jeder Betrieb komplett selbst, hatte seine eigene Schlosserei, Schreinerei, Fuhrpark – alles. Und eben auch eine eigene Küche. Damit war es aber nach der Wende vorbei, alles viel zu teuer, die Leute in diesen Betriebsteilen wurden als Erste entlassen. Aber die noch da waren, in den Kernfirmen, mussten weiter was essen. Und was?

Schönberger übernahm zusammen mit seiner Frau den Vertrieb für westdeutsche Tiefkühlkost, Fertiggerichte aus Dortmund. «Wo ich vorne mit der Brühpaste rausflog», sagt er, «kam ich hinten mit dem Tiefkühlessen wieder rein.» Als wir uns 1990 trafen, hatte das gerade angefangen. Man ließ die Leute die Tiefkühlware probieren, sagt Schönberger, «und die waren ja platt. Dass man die Kartoffel frosten kann, und dass die dann auch noch schmeckt – unbegreiflich!»

So ging das zwei Jahre gut. Dann schlossen nicht mehr nur Betriebsküchen, sondern gleich ganze Betriebe. Und das Geschäft war weg, fast jedenfalls.

Und nun?

Irgendwie bekamen sie den Auftrag einer Anwaltskanzlei, ein kleines Fest auszurichten. Schönbergers Frau machte kalte Platten zurecht, Schönberger selbst borgte sich Geschirr zusammen, organisierte Getränke, lieh einen Grill von Freunden, zündete im Kanzleigarten ein Lagerfeuer an. Die Anwaltsparty, die eigentlich um 21 Uhr zu Ende sein sollte, dauerte bis fünf Uhr morgens.

Ein paar Tage später hatten die Schönbergers zwei Aufträge von Gästen.

So begann «Schönbergers Party-Service». Heute ist er einer der größten der Stadt. Zu seinen Kunden gehörten bereits: Commerzbank, Infineon, die Technische Universität, Audi, Dekra, Deutsche Bank, Scania ... Sechsmal hintereinander hat Schönberger schon den Neujahrsempfang des Sächsischen Landtags organisiert.

Seine Stärke sei, sagt Hans-Jürgen Schönberger: «Wir machen alles komplett.» Der Gastgeber muss sich um nichts kümmern, Schönberger organisiert Musik und einen Alleinunterhalter, wenn das gewünscht wird, und Möbel und Zelte und «Heizpilze», wenn es kalt ist. Er stellt ein Fest für 1500 Leute auf die Beine – geht alles.

Er legt seine Ledermappe auf den Tisch, zippt den Reißverschluss auf und blättert in Klarsichtfolien mit Fotos opulentester Buffets. «Hier, ein ganzer Stör, das sind schon feine Sachen», sagt er. «Und die Schnittchen, sieht doch lecker aus! Besser kriegen Sie es nicht hin, wenn Sie es selbst schmieren.»

Er zeigt auf das Geschirr, festliches, grün-weißes Porzellan. «Da bin ich zu einem der alten DDR-Porzellanbetriebe gefahren, nach Triptis, und habe dieses Weinlaubgeschirr gekauft. So ein Essteller sollte damals acht bis zehn Mark kosten. Ich habe gesagt: ‹Das ist viel zu teuer, was können wir machen?› Und der Chef sagte: ‹Dann gehen wir also erst mal bis zur dritten Wahl runter, dann machen wir noch einen Werksverkauf ...› Am Schluss kriegte ich so einen Teller für drei Mark. Ich habe gleich zwei Transporter voll bestellt. Dritte Wahl – das fällt doch bei einer Party nicht auf. Und ich habe alles komplett, Kerzenständer, Aschenbecher, für 300 Leute kann ich alles auf Weinlaub machen. Wir in Sachsen haben ja auch die Landesfarben Grün und Weiß. Sehr schön für Hochzeiten.»

Er mag seinen Beruf. Immer habe man mit Leuten zu tun, die gute Laune haben. In seiner Branche habe er manchen kommen sehen und wieder gehen. Und nach der Wende: Da habe dieser und jener sich selbständig gemacht, «das Büro erst einmal vom Allerfeinsten, und dann erst haben sie gemerkt, dass sie ein Produkt haben, das gar nicht geht. Die haben alles verloren. Die haben wieder von vorne angefangen.»

Sein Bruder, er ist vier Jahre jünger, hat eine Aral-Tankstelle in Köln. Der hatte in der DDR einen Ausreiseantrag gestellt, kurz vor der Wende zog er weg.

Und er selbst? Wollte er das nicht?

«Für mich kam das nicht in Frage. Ich war ein absoluter Gegner des Systems, von dieser ganzen Bevormundung. Aber ich bin zu sehr mit allem hier verbunden. Und die Firma war so gestellt, dass man auf mich auch nicht mehr gut verzichten konnte. Wir haben 1,5 Millionen Jahresumsatz gemacht, das ist mit einem Produkt für 1,20 Mark gar nicht so leicht. Ich hatte mit 40 ein Haus, ein Auto und eine Firma. Ich war in Russland, Rumänien, Bulgarien. Gut, ich war nicht am Mittelmeer. Aber das war mir in dem Sinne wurscht.»

Er fuhr schon zu DDR-Zeiten einen Opel Manta, das muss man sich mal vorstellen, andere warteten auf einen Wartburg oder Trabant, er fuhr Opel Manta. Der Vater fuhr Mercedes, davor Opel Kapitän. Wie das ging?

«Nu, man hat sich gekümmert», sagt er.

Es gab ja Leute in der DDR, die fuhren immer Westautos, der Tenor Peter Schreier zum Beispiel, mit dem sind sie seit langem bekannt. Und diese Leute hätten ihre Autos natürlich irgendwann gebraucht verkauft. So war das.

Einmal durfte er mit dem Opel Manta sogar in den Westen reisen.

Natürlich wurde ihm das zuerst Mal um Mal verweigert, nicht einmal seinen Antrag wollte man annehmen. Aber er schaffte es irgendwie bis in die Büros der Zuständigen. Dort sagte er: «Ich bin hier groß geworden in diesem Land, ich habe meinen Beruf hier gelernt, ich will nicht ausreisen, ich habe eine Firma hier – ich will nur meine Tante zu ihrem 80. Geburtstag besuchen und bei der Gelegenheit meinen Opel reparieren lassen. Warum darf ich nicht fahren?»

«Das müssen wir Ihnen nicht sagen», war die Antwort.

Eines Tages durfte er dann doch. Einen Tag vorher kam die Genehmigung.

«Und wissen Sie was?» Er tippt einen immer an mit der Hand, wenn er so etwas erzählt. «Ich habe ein Drittel meiner Bekannten eingebüßt, weil die dachten, ich bin bei der Stasi.»

Ob er zufrieden sei mit seinem Leben?

«Eigentlich ja. Man könnte … Wenn man andere Möglichkeiten gehabt hätte, hätte man sie auch anders wahrnehmen können. Aber es war eben nicht so. Der Wunsch ist jetzt, dass man am Markt bleibt.»

Man müsse vor allem freundlich sein zu den Leuten, immer freundlich, sagte er, «nicht bloß die Mundwinkel hochziehen, sondern wirklich. Wenn das nicht von innen rauskommt, merkt es der Gast.»

Er hatte eigentlich Autoschlosser werden wollen, als Jugendlicher. Aber es gab keine Lehrstelle. Da lernte er Bäcker und Konditor, Spaß hat das nicht gemacht: arbeiten von morgens halb drei bis 14 Uhr und freitags dann die Nacht durch bis Samstagmittag – «eine harte Zeit, aber es hat nicht geschadet, da lernt man das Arbeiten». Das war nützlich, dass er arbeiten kann, bis heute.

«Ich bin immer auf der Suche», sagt er, «setze mich ins Auto und fahre ziellos umher. Ich suche: Wo wird gebaut? Wo sind neue Gewerbegebiete? Da klingele ich bei den Firmen an der Tür und biete unsere Dienste an. Manchmal kommt man nicht gerade im günstigsten Moment. Aber wenn die erst mal eine Visitenkarte haben …»

Seinen besten Auftrag hat er so bekommen. Da wies man ihm zuerst die Tür, man brauche ihn nicht. Er konnte gerade ein bisschen

Bildmaterial dalassen und seine Büronummer. Eine Viertelstunde später – er saß im Auto – war seine Frau am Handy: Er solle nochmal zurück in diese Firma kommen, in der er gerade war.

Er sagte ihr, sie solle dort anrufen und sagen, er könne jetzt nicht, unmöglich, ein Termin jage den anderen. Morgen habe er wieder Zeit.

«Das stimmte nicht», sagt Schönberger. «Aber es wirkte.»

Er bekam den Auftrag. Weil er noch wenig Erfahrung hatte, faxte er den Vertragsentwurf einem Verwandten im Westen, der ist Manager. Von dem bekam er den Tipp, auf Vorkasse zu bestehen. Das tat er.

Aber das Geld kam nicht.

Am Tag vor dem Fest rief er beim Kunden an und sagte: «Damit wir uns recht verstehen: Ohne Geld dreht sich kein Rad. Das Fest fällt aus.»

Wenig später war das Geld da.

«Bisschen Schlitzohr muss man sein», sagt er. «Die machen's mit einem ja auch.»

Schönberger Party-Serv
Drei Kronen
Altdobritz 11, 01237 Dresden, Tel.+Fax 2
www.partyservice-schoenberger.

# Eis

Man müsste in Deutschland mal eine Umfrage machen: Menschen fragen nach ihrem ersten Eis. Wie es hieß, wie sein Geschmack war, wo man es holte ... Wahrscheinlich könnte man überhaupt eine Geschichte des Landes schreiben mit Hilfe dieser Frage: Was jeweils wann und für wen das erste Eis war.

Mein erstes Eis hieß Capri.

Capri war ein gelbes Wassereis am Stiel, das nach Orangen schmeckte oder jedenfalls schmecken sollte, ach nein, es schmeckte schon wirklich sehr nach Orangen, mehr als es heute nach Orangen schmeckt, da bin ich sicher, ich spüre diesen kühlen intensiven Apfelsinengeschmack noch auf der Zunge, je länger ich an dieses Eis denke. Das vergisst man nicht. Man schmeckt die Dinge ja intensiver, als Kind.

So kalt war dieses Eis manchmal, dass beim ersten Lecken die Zunge für eine Sekunde daran festfror und nur mit einem kleinen Ruck zu lösen war.

Wenn ich als kleiner Junge ein paar Groschen für ein Capri bekam, wanderte ich damit in die Schrebergartenkolonie, die neben unserem Haus lag, und betrat deren Kantine, eine schummrige Baracke, in der ein Mann namens Kowalsky herrschte. Er gebot über einen Biertresen, drei Tische, einen Spielautomaten und eine Eistruhe.

Kowalsky war ein fetter, glatzköpfiger Patron in geripptem ärmellosen Unterhemd und einer weiten grauen Hose, die mit Hosenträgern an seinem Leib befestigt war. Mürrisch bediente er den Zapfhahn, selten nur bewegte er sich von seinem Posten, sogar die

Gäste an den drei Tischen mussten sich das Bier bei ihm abholen, er dachte nicht daran, es ihnen zu bringen.

Die Gäste waren hier und da ein paar Schrebergärtner, vor allem aber Männer aus den Baracken auf der anderen Seite der Straße, einem Durchgangslager für Aussiedler aus Polen und Russland, Nachkriegsflüchtlinge, Männer, die wenig Deutsch redeten, dafür schnell die Fäuste sprechen ließen, ja, es kam nicht selten vor, dass man hier beim Eisholen einer Prügelei ansichtig wurde, welche Kowalsky beendete, indem er nun doch plötzlich schnaubend hinter seinem Tresen hervoreilte, die Streithähne mit seinen fetten Fäusten an den Kragen packte und sie auf den staubigen kleinen Parkplatz vor der düsteren Hütte beförderte.

Schweigend stand ich vor diesem Mann, wenn ich mir ein Eis kaufen wollte. Stumm wartete ich, bis er sich mir zuwandte und mich seinerseits stumm anblickte. Wirklich, ich wartete manchmal fünf oder zehn Minuten, bis Kowalsky sein Krötengesicht in meine Richtung drehte, auf mich herabschaute wie auf ein minderes Wesen und bereit war, meinen Wunsch anzuhören.

Ein Capri.

Er wühlte in der Eistruhe, zog das Eis hervor, wischte die Münzen, die ich auf den Tresen gelegt hatte, mit der Hand in eine geöffnete Geldschublade, und Sekunden später stand ich auf der Straße, in der Hand: ein Capri. Gelb leuchtete es in der Sonne.

Ich holte mein erstes Eis aus dem Zwielicht einer Höhle, wo es von einer giftigen Unke misstrauisch bewacht wurde wie ein Schatz. Ich erkämpfte es, immer gewärtig, vom Eiswächter Kowalsky abgewiesen zu werden.

Das erste Eis: Es ist ja auch ein Symbol, welche Verlockungen das Leben zu bieten haben wird, welche Süße, welche Kühle, welchen Schmelz! Eines Tages, dachte ich, werde ich nicht mehr vor Erwachsenen betteln müssen um ein paar Eisgroschen. Eines Tages werde ich nicht mehr warten müssen, bis die Kröte sich mir zuwendet. Eines Tages werde ich mir selbst vom Leben nehmen können, was ich will – und wenn es Eisbomben sind oder Eisberge. Alles wird mir gehören.

Warum eigentlich gibt es kein Kind, das Eis nicht mag? Es gibt Kinder, die Schokolade nicht lieben, andere lehnen Marzipan ab. Eis mögen alle. Ich glaube: Weil Eis von allen Süßigkeiten die kindlichste ist. Man kann es nicht aufbewahren, sich nicht aufheben für morgen, man muss es jetzt essen, hier und sofort, sonst ist es kein Eis mehr, bloß ein Fleck auf dem Boden. Alle Kinder sind Sofortisten, sie ertragen keinen Aufschub. Eis erträgt auch keinen Aufschub.

Und dann müsste man mal eine Umfrage machen und Menschen fragen nach – dem letzten Eis.

Ich hatte da immer ein Foto meiner Eltern, finde es nirgends mehr, kann es aber beschreiben: Sie sitzen auf weißen Plastikstühlen in einem Café auf einer Nordseeinsel, der Seewind zaust ihnen die Haare, und sie blicken in die Kamera: starr mein Vater, dessen eines Auge aus Glas war, weil das echte im Krieg zerstört wurde, vorsichtig meine Mutter hinter einer weißgrau gerandeten Brille, die ihre Augen groß und traurig erscheinen lässt.

Vor den beiden stehen auf einem weißen Plastiktisch zwei riesige Eisbecher, gläserne Pokale voll heller Eiscreme und mit einigen Früchten, über alledem ein Haufen weiß leuchtender Schlagsahne.

Wenige Monate nach dieser Aufnahme starb mein Vater. Meine Mutter überlebte ihn um fünf Jahre. Es ist eines der letzten Fotos, das meine Eltern gemeinsam zeigt. Vielleicht ist es das letzte.

Aber das ist nicht der Grund, warum das Bild mich so anrührt. Und so traurig macht.

Es sind die Eisbecher, die obszön schwellenden, quellenden Eismassen vor zwei alten Menschen. Ein Bild der Verzweiflung. Wenn Eis für ein Kind ein Versprechen auf die Zukunft ist – was ist dann das hier? Hohn? Mehr Eis kann man vor einen einzelnen Menschen nicht hinstellen, mehr kann niemand verschlingen. Was mag in diesem Berg von Eis an unerfüllter Sehnsucht stecken, an nie ausgesprochenen Wünschen, an gefrorener Begierde?! Ich denke: Hätten sie ein schöneres Leben gehabt, sie müssten voll sein mit Erlebtem, Gefühltem, Durchlittenem, Durchfreutem, Verarbeitetem. Sie dürften doch nicht diese infantile und nun im Alter ganz ungebremste Gier nach Eis haben.

Aber das hat es nicht gegeben, nicht in dieser Generation, die sich nach diesem Krieg oft so verbarrikadierte gegen das Leben.

Mein Vater, der als Rentner mit Briefen, Eingaben, Anwälten gegen Falschparker vor seinem Grundstück kämpfte, als wolle man ihm an die Existenz. Der Ordnung wollte, weil jede Unordnung ihm Angst machte.

Meine Mutter, die so viel Sehnsucht drangab für ein bisschen Sicherheit. Die mir erst, als sie alt war, zum ersten und einzigen Mal die Wahrheit über ihren Vater erzählte, der sie als kleines Kind im Stich gelassen habe. Sie wuchs ohne ihn auf, mit ihrer Mutter bei Verwandten lebend, und sah ihn in ihren Mädchenjahren nur noch einmal von ferne, in Uniform auf einer Tribüne, während der Nazijahre war das. Ihre Mutter flüsterte: «Der da, das ist dein Vater.» Erst als sie erwachsen war, lernte sie ihn tatsächlich kennen.

Zwei Menschen, die lange gelebt und das Leben doch nicht gekostet hatten: in seiner Fülle.

Zwei Menschen vor zwei Eimern voller Eis. Zwei Kinder am Ende des Lebens.

## Ruth Steinführer

Zum Essen gehen wir in die «Deutsche Eiche», das ist nicht weit von ihrem Büro, sie geht da jeden Mittag hin. Der Chef begrüßt uns, den Kellner kennt sie schon lange. Sie legt ein kleines silbernes Handy auf den Tisch: Könnte sein, dass es klingelt, sagt sie, könnte immer sein, dass es klingelt. Sie ist in der jüdischen Gemeinde Münchens für die Bestattungen zuständig, unter anderem – in der Hauptsache ist sie die Gemeinde-Sozialarbeiterin. Sollte jetzt irgendwo in München oder Oberbayern ein Jude sterben, würde das Handy klingeln, und sie müsste etwas tun.

Die Zigaretten legt sie neben das Handy. Ihre Stimme ist heiser, das wird von den Zigaretten kommen. Und sie redet ja auch viel und lacht oft dazwischen, ein heiseres, munteres Lachen.

Keine Ahnung, wie alt sie ist, sie verrät das nicht. Nur manchmal fällt im Gespräch eine Andeutung über ihren Geburtstag und ihr Geburtsjahr, die einem beim Rätseln weiterhilft. Ich schätze, dass sie jetzt 76 ist. Aber ist das wichtig?

Na ja, ein bisschen. Man muss ungefähr wissen, wie alt sie ist, sonst versteht man diese Geschichte hier nicht.

Ruth Steinführer stammt aus der Gegend von Passau, nicht weit von der österreichischen Grenze entfernt und von der tschechischen. Man hört das noch immer, wenn sie spricht, die Sprachfärbung changiert vom Bayerischen ins Österreichische und zurück. Sie heißt Lederer von Geburt, Ruth Lederer.

Ihr Vater war Deutscher, die Mutter Österreicherin. Der Vater war Jurist, Vize-Direktor eines Mühlenkonzerns. Viel hatten die Eltern mit der jüdischen Religion nicht im Sinn. Oft waren in der Familie Juden und Nichtjuden verheiratet, «assimilierte Juden eben», sagt sie. Übrigens weiß sie nicht sehr viel aus dieser Zeit, sie war noch klein. Als sie von ihren Eltern getrennt wurde, für immer getrennt, da war sie 13.

Aber dass der Vater von ganzem Herzen Sozialist war, wie der Großvater mütterlicherseits auch – das hat sich ihr eingeprägt. Und die Mutter war in der pazifistischen Bewegung aktiv, die Bertha von Suttner um die Jahrhundertwende gründete.

Der Vater war Soldat im Ersten Weltkrieg gewesen. Und sehr lange, zu lange dachte er: Das mit den Nazis werde nicht lange dauern, es werde vorbeigehen irgendwann. Gerade viele der Juden, die Frontsoldaten gewesen waren, dachten ja so. Der Vater glaubte das noch in Prag, 1939, als er längst Arbeitsverbot hatte. Oder sagte er es nur, um die Kinder zu beruhigen? Jedenfalls war die Mutter realistischer. Aber Ruth weiß ja ohnehin vieles nur aus Erzählungen, «niemand hat mit mir geredet, ich war noch zu klein, ich habe immer nur zugehört».

Ruth war die Jüngste von drei Geschwistern. Erich, der Bruder, war 13 Jahre älter als sie, Edith, die Schwester, sechs Jahre. Die Familie zog, noch bevor die Nazis an die Macht kamen, nach Wien. Im Sommer 1938 organisierte die Mutter die Flucht der Kinder nach Prag. Ruth saß im Flugzeug mit einem jungen Mann zusammen, der den Pass des Bruders benutzte – ein Freund der Eltern. Der Bruder fuhr mit dem Fahrrad über die Grenze zur Tschechoslowakei, auf den Bauernhof von Verwandten zunächst, Onkel Otto und Tante Kathi. Auch in Prag gab es eine Tante, die kümmerte sich, bis die Eltern im Dezember 1938 kamen. Danach lebten sie in einer Zwei-Zimmer-Wohnung, zu fünft.

Der Vater brachte die Ausreise Ruths und ihres Bruders in Gang, die Schwester sollte und wollte bei den Eltern bleiben. Ruth erinnert sich, mit dem Bruder einmal in einer großen Villa in Prag gewesen zu sein, dort musste man vorstellig werden, es ging um Visa. Und da habe sie Eichmann gesehen, im ersten Stock.

«Wenn man bedenkt, dass der Eichmann mich hat gehen lassen!», sagt sie.

Es kam der Tag, an dem der Vater Ruth und den Bruder zum Masaryk-Bahnhof in Prag brachte. Es war der 2. September 1940, und es war wohl eine der letzten, allerletzten Möglichkeiten, die Juden in größerer Zahl nutzen konnten, um vor den Nazis zu fliehen. Sie erinnert sich, dass Mutter und Schwester ihnen noch einmal vom Wohnungsfenster aus zuwinkten, die Mutter sehr beherrscht, die Schwester weinend. Der Vater zog einen Leiterwagen, darauf lagen zwei Koffer und zwei Rucksäcke.

Ruth Lederer hatte einen deutschen Pass, darin ein Visum für Venezuela, «über Port Said». Sie sagt, ein tschechischer Wachtmeister habe zu ihr gesagt: «Kleines Fräulein, wir sehen uns wieder.»

Dann fuhr der Zug ab, nach Wien. Sie hatte einen Sitzplatz. Viele standen. Schon in Brünn hielt die Bahn, die SS kam in die Abteile und sortierte wahllos Leute aus. Ruth gegenüber saß ein vierzehnjähriger Bub. Dessen Vater und Schwester wurden mitgenommen, er fuhr weiter und überlebte, aber nach dem Krieg starb er in der Psychiatrie.

Der Zug fuhr weiter, nach Wien-Reichsbrücke. Dort warteten Schiffe der Donaudampfschifffahrtsgesellschaft, *Vindobona* hieß ihres, ein Raddampfer. Ruth kannte das Schiff. Als sie kleiner gewesen war, hatte sie mit den Eltern darauf Donaufahrten unternommen, bei denen Kindern Märchen erzählt wurden.

Es gab damals einige solcher Reisen, wie Ruth sie antrat. Sie mussten teuer bezahlt werden – von wem sie finanziert wurden, weiß sie bis heute nicht. Sie vermutet, dass es amerikanische Juden waren. In Wien gab es zum Beispiel eine «Aktion für Auswanderung», die das organisierte. Sie wurde geleitet von einem Kommerzialrat namens Storffer mit Unterstützung der dortigen jüdischen Gemeinde – und wurde geduldet von der Gestapo, die bis 1941 noch Auswanderungen zuließ. In Bratislava stiegen weitere Passagiere zu, auch andere Schiffe warteten dort, deren Passagiere bereits neun Monate lang in einem Lager ausgeharrt hatten, bewacht von der Hlinka-Garde, der slowakischen SS. Sie hatten nach ihrem Aufbruch von Wien im Winter 1939/40 zunächst nicht weiterfahren können, weil die Donau damals zugefroren war und dem Veranstalter Geld fehlte.

Tausende von Juden fuhren auf gefährlich überladenen Donauschiffen bis nach Tulcea in Rumänien, kurz vor der Mündung ins Schwarze Meer. Sie fuhren vorbei an weiteren Tausenden von Flüchtlingen in Kladovo/Jugoslawien, die vom Ufer aus die Menschen auf den Schiffen um Hilfe anflehten. Sie passierten ein anderes Schiff, *Struma* hieß es in Ruths Erinnerung, auf dem 520 Flüchtlinge im Sterben lagen, eine Epidemie war ausgebrochen. Das Schiff lag an der bulgarisch-rumänischen Grenze fest, die Behörden ließen es nicht passieren. Und eines der Schiffe ging unter, mit Mann und Maus. Sie meint sich zu erinnern, dass das auch die *Struma* war.

Ruth Steinführer sagt, sie habe damals vieles nicht verstanden, vor allem nicht die dramatische Lage, in der sie sich befand.

In Tulcea mussten die Flüchtlinge drei Wochen auf ihre Weiterfahrt warten. Sie schliefen an Bahngeleisen auf dem Schotter. Im Schwarzmeerhafen Sulina lagen drei Schiffe, die *Milos*, die *Pacific* und die *Atlantic*, halb verrottete Seelenverkäufer alle drei, eigentlich für den Transport von Kohle oder Vieh gedacht, nun unter panamaischer Flagge fahrend.

Ihr Schiff war die *Milos*. Kurz nachdem die Flüchtlinge es betreten hatten, mussten sie es wieder verlassen und auf eine Reparatur warten. Am 7. Oktober ging es dann los. Papadopoulos habe der Kapitän geheißen, sagt sie, «ein netter Mann».

Das konnte man nicht von jedem der Kapitäne sagen. Jener der *Atlantic* zum Beispiel war korrupt und rücksichtslos – so beschreibt ihn jedenfalls der Münchner Alfred Heller, der mit seiner Frau Passagier dieses Dampfers war. Heller schrieb später ein Buch über die Reise, Dr. Seligmanns Auswanderung heißt es. Darin liest man, das Groteske dieser Reise sei vor allem gewesen, dass der Versuch, «jüdische Flüchtlinge vor dem Naziverderben zu retten, auf bestechliche Konsuln, skrupellose Regierungsstellen und dunkle Geschäftemacher und deren krumme Wege angewiesen war. Dass ohne sie nicht eine Chance der Rettung war. Dass Gesetz tötete und Unrecht leben ließ.»

Die Schiffe hatten keine Kabinen, alle Passagiere waren während der ganzen Reise auf Deck, man wärmte sich an einem riesigen Dampfrohr. Es gab zwei Toiletten auf dem hoffnungslos überfüllten Schiff, zwei Toiletten für 700 Menschen, «man stand dort eigentlich den ganzen Tag an», sagt Ruth Steinführer. Von Anfang an fehlten Kohle, Wasser, Lebensmittel. Auf der *Atlantic* brach Typhus aus, es gab zwanzig Tote, das ganze Schiff war ein stinkender, ächzender Kahn voller Kranker und Verzweifelter. Von Epidemien wurde die *Milos* verschont, «bei uns waren die Leute gesünder», sagt Ruth Steinführer, aber durchgedreht sei natürlich trotzdem der eine oder andere und wollte ins Wasser springen. Einen Toten gab es, den warfen Matrosen ins Meer.

Sie war jung, sie erlebte vieles ganz anders. Sie hatte Heimweh, aber auch Spaß. Der Bruder hatte eine Mandoline dabei und machte Musik, und immer wieder musste der Kapitän die jüngeren Passagiere ermahnen, nicht das Schiff so ins Schwanken zu bringen, weil sie alle auf einer Seite des Decks standen. Als in Kreta später einmal die Frau des Kapitäns an Bord kam, wurde gesungen: «Muss i denn zum Städtele hinaus …»

Die Schiffe fuhren zunächst nach Istanbul, wurden von den dortigen Juden mit Proviant versorgt. Sie irrten danach monatelang weiter durchs Mittelmeer, durch die Ägäis, die längst Kriegsgebiet war, die ganze Zeit auf der Suche nach Brennmaterial. Alles Brennbare an Bord wurde verheizt.

In Istanbul versetzte Ruth einen heiß geliebten goldenen Füller Marke «Napoleon» gegen ein bisschen Schokolade.

«Du spinnst!», sagte der Bruder.

Aber in Zypern mussten dann die Passagiere ihr letztes Hab und Gut abgeben, damit man damit Kohlen kaufen konnte. Da wäre der Füller ohnehin weg gewesen.

Hinter Zypern tauchte ein britisches U-Boot auf, das wird Ruth nie vergessen: Eine Luke öffnete sich, und britische Offiziere stolzierten ganz in Weiß auf dem U-Boot herum.

Das war Mitte November 1940. Das Boot geleitete die drei Schiffe nach Haifa. Aber die Briten hatten damals die jüdische Einwanderung in ihr Mandatsgebiet Palästina streng begrenzt. Die Gestapo hatte die Menschen fahren lassen, aber schon bei ihrer Abreise war klar gewesen, dass die Briten sie nicht ins Land lassen würden. Es war immer eine Reise ins Ungewisse gewesen, begleitet von der Angst, möglicherweise nach Deutschland zurückkehren zu müssen. Und es blieb alles ungewiss.

Die Passagiere der *Milos*, auch Ruth und ihr Bruder, wurden in Haifa auf ein anderes Schiff gebracht, die *Patria*. Die sollte sie nach Mauritius bringen, ein Plan, den die jüdische Untergrundarmee in Palästina zu vereiteln trachtete. Sie plante, eine Bombe auf der streng bewachten *Patria* explodieren zu lassen, um das Schiff so zu beschädigen, dass es nicht mehr auslaufen konnte. Und die erwachsenen Passagiere auf der *Patria* traten in Hungerstreik. Sie wollten bleiben. Sie fürchteten die Weiterfahrt.

Die Bombe explodierte am 25. November 1940. Sie riss ein solches Leck in die altersschwache Patria, dass das Schiff sofort sank. Um neun Uhr morgens ging die Bombe hoch, um 9.20 Uhr war das Schiff unter Wasser. Das hatten die Bombenleger nicht gewollt. Sie hatten unterschätzt, wie marode der Dampfer war. Mehr als 400 Menschen ertranken nach Ruths Erinnerung, anderen Quellen zufolge waren es etwa 300. Es waren vor allem jene, die sich im unteren Teil befanden. Sie waren ohne Chance.

Ruth stand während der Explosion oben an Deck. Sie sprang ins Wasser und kroch an einer Mole an Land, splitternackt, denn Ertrinkende hatten ihr sämtliche Kleidung vom Leib gerissen. Ein arabischer Polizist hüllte sie in eine Decke. Ihr Knie war verletzt, die Wunde wurde im britischen Regierungshospital genäht. Auch ihr Bruder überlebte, ebenso eine gleichaltrige Freundin, die mit ihr auf der ganzen Fahrt zusammen gewesen war, Mina Rosner hieß sie.

Alle, die das Unglück auf der *Patria* überlebt hatten, durften nun dort bleiben. Aber jene, die noch auf den drei Schiffen waren, die noch nicht die *Patria* bestiegen hatten – jene reisten später tatsächlich weiter nach Mauritius.

So kam Ruth nach Palästina. Sie lebte die ersten neun Monate in einem Lager namens Atlith, das war zuvor ein Gefängnis gewesen. 1941 oder 1942 kam noch einmal ein Brief aus Deutschland, darin die Nachricht, Schwester Edith habe ihren Verlobten Max geheiratet, auf dem deutschen Standesamt in Prag.

Dann hörte Ruth nie wieder etwas. Später, viel später erfuhr sie: Die

Eltern waren nach Theresienstadt gekommen. Von dort brachte man sie in Waggons Richtung Riga. Aber in der Nähe von Minsk, in Maly Trostinez, mussten sie aussteigen und sich ihr Grab schaufeln, in das sie hineinfielen, erschossen. Die Mutter war 52, der Vater 63. Schwester Edith wurde in Auschwitz ermordet, auch Max, ihr Mann. Es gibt keine Bilder der Eltern mehr, nur noch das Hochzeitsfoto: die Schwester mit ihrem Max. Es steht auf Ruth Steinführers Schreibtisch.

Ruth ging in Palästina zur Schule, lebte in einem Kibbuz, pflanzte Tabak, wurde Krankenschwester, arbeitete bei einem Chirurgen, schließlich in der Psychiatrie. Sie lernte ihren ersten Mann kennen, Hans Siegfried. Dessen Vater war Jude gewesen, doch hatten die Eltern sich getrennt, als der Sohn sechs war. Er war bei der Mutter und deren zweitem Mann aufgewachsen. Der Vater wurde ermordet, doch der Sohn blieb auf diese Weise von den Nazis unentdeckt. Er war eine Weile Piccolo im Café Kranzler in Berlin gewesen, 1948 dann ging er nach Israel, aus Abenteuerlust, «um zu kämpfen», wie Ruth Steinführer sagt.

Hans Siegfried und Ruth bekamen zwei Kinder, einen Sohn, der als englischer Staatsbürger in Haifa zur Welt kam, eine Tochter, die in Kar Sabah bei Herzliah geboren wurde, da war aus Palästina schon Israel geworden.

1952 zog die Familie nach Berlin, am 2. September, exakt zwölf Jahre nach Ruths Abreise aus Prag. Warum sie zurückging? «Weil ich's wollte», sagt Ruth Steinführer. Sie sei da immer ganz unbefangen gewesen, dem Land und den Menschen gegenüber. Und Israel sei ihr zu eng gewesen, sie wollte dort nicht bleiben, es war ja auch dort eine schwere Zeit, es gab wenig zu essen, alles war rationiert. Sie sagt den seltsamen Satz: «Ich habe es nicht geschafft, dass ich nicht zurück wollte nach Deutschland.» Und sie fügt hinzu: «Ich bin in Deutschland gut aufgenommen worden.»

Damals dachte sie, die Eltern wären vielleicht noch am Leben. Erst in Berlin erfuhr sie von ihrem Tod.

Der Bruder zog nach Wien, er heiratete dort eine Jugendliebe und wurde österreichischer Beamter. 1997 starb er. Mina Rosner, die Freundin, lebt bis heute in Israel.

So, das wäre nun das erste Drittel von Ruths Leben. Es ist eine von diesen Geschichten, die jeder Deutsche kennen sollte, und ich erzähle sie hier, so gut es geht – aber mit dem immer bleibenden Gefühl, nur den äußeren Ablauf berichten zu können, zu allem Weiteren nicht vorzudringen. Dieses Weitere, alle tieferen Gefühle, behält Ruth Steinführer für sich. Ohnehin hat sie ihre Geschichte bisher nur sehr wenigen erzählt.

Ruth Steinführer sagt: «Ich wollte eigentlich in meinem Leben niemand damit belasten. Ich wollte ganz normal leben. Ich wollte mit meinen seelischen Dramen niemand belasten.»

Einmal sagt sie, es täte ihr Leid, als Kind nicht brav genug gewesen zu sein, es den Eltern noch schwerer gemacht zu haben. Nicht liebevoll genug zur Schwester gewesen zu sein. Wenn sie gewusst hätte … Und zwischendurch, mittendrin, sagt sie auch einmal, als es um ihre Eltern geht, fast nebenbei: «Diese Geschichte kann ich jetzt nicht erzählen.» Und noch einmal: «Das ganze Unglück erzählen, das kann ich nicht.»

Sie hat heute ein Büro in der Israelitischen Kultusgemeinde in München, ein Büro wie aus einer anderen Zeit. Die Schreibmaschine ist von 1970, das Telefon hat eine Wählscheibe, erst seit kurzem steht ihm ein moderneres zur Seite. Da steht ein Spiritus-Matrizendrucker, dort ein 20 Jahre alter Kopierer. Sie wehrt sich gegen jede Veränderung, nur das Handy akzeptiert sie seit kurzem und auch den Computer. Hier ist sie jeden Tag, arbeitet von morgens um acht bis abends um acht, sieben Tage pro Woche, als Leiterin des Sozialreferats und eben der Bestattungsabteilung, unersetzlich ihrer Erfahrungen wegen, rastlos in der Gegenwart tätig, arbeitend für drei.

Sie hat sich in den fünfziger Jahren von ihrem ersten Mann getrennt, zog mit den Kindern zuerst nach Wien zu ihrem Bruder, dann 1954 nach München. Arbeitete, wie schon in Berlin, als Dolmetscherin. Sie spricht Deutsch, Englisch, Französisch, Hebräisch, Arabisch, Tschechisch – das konnte man bei der URO, der United Nations Relief Organisation, in München gut gebrauchen. Später arbeitete sie für die Kultusgemeinde, vor allem im Büro des früheren Präsidenten Hans Lamm.

Als am 13. Februar 1970, einem Freitag, ein Brandattentat auf die Gemeinde in München sieben Tote forderte, war sie zufällig gerade nicht im Haus. Sieben Tote! Eines der größten Verbrechen der Nachkriegszeit in München, bis heute ist es nicht aufgeklärt. Sie sagt, kurz vorher habe sie noch mit David Jakubowicz, dem früheren Gastwirt im Haus, gesprochen. Dessen Frau war im Konzentrationslager umgekommen. Er wollte am Sonntag nach Israel auswandern. Er saß auf gepackten Koffern, und auf die Frage, warum er erst am Sonntag fliege, antwortete er, vorher gehe es doch nicht, am Schabbes dürfe er nicht reisen. Er verbrannte.

Sie ist immer politisch engagiert gewesen, links und pazifistisch, wie ihre Eltern. Sie ist SPD-Mitglied. Mit Erich Kästner, Erich Kuby und vielen anderen hat sie gegen die Wiederbewaffnung demonstriert, eine Weile war sie Zweite Vorsitzende einer Kriegsdienstverweigerer-Organisation in Bayern. Von den sechziger Jahren in Schwabing, von Bekanntschaften mit Michael Ende und Ursula Herking spricht sie wie von einer goldenen Zeit. Wie sie da im «Hahnhof» in der Leopoldstraße saßen, und den Wein Nr. 1 tranken, der war am billigsten, und dazu Brot aßen, das gab es umsonst ...

Sie hat später wieder geheiratet, den Ingenieur Steinführer aus Hamburg, der ist nun auch schon tot. Sie hat ihn am Nordfriedhof in München begraben, und manchmal hat sie ein schlechtes Gewissen deswegen, er mochte doch München eigentlich nicht, wie sie es mag, und jetzt liegt er hier für immer.

Jahrzehntelang hat sie als Sozialreferentin der Gemeinde Holocaust-Opfer betreut. Hunderte von denen seien im Vorort Haar in der Nervenklinik gewesen, heute lebe nur noch einer dort. Und viele seien in ihr Büro gekommen.

Ein Mann, der immer behauptete, Musik zu hören, und sie fragte, ob sie die Musik auch höre. Ja, sagte sie dann, aber ob es ihn denn nicht störe, die ewige Musik? Nein, sagte er, es sei eine schöne Musik.

Eine Frau, die sich ihr Leben lang das hastige Essen nicht mehr abgewöhnen konnte, immer schlang sie ihr Essen hinunter, weil sie die Angst nicht mehr loswurde, es könne gleich wieder weg sein, das Essen. Letzten Endes erstickte sie dann an einem Stück Wurst, sonntags.

Eine andere Frau, die nahezu täglich die Schlösser ihrer Wohnung austauschte.

Ein jüngerer Mann, der unter Waschzwang leide. Das trete immer häufiger auf, sagt Ruth Steinführer: Angehörige der jüngeren Generation mit einem solchen Leiden. Der Mann habe fast keine Haut mehr.

Für diese Leute ist sie da. Und für jene, die sterben und leider aufgrund ihrer Familiengeschichte nicht die Papiere hinterlassen, welche die Behörden nun mal von den Toten gerne sehen, Geburtsurkunden und dergleichen. Niemand hat in den zuständigen Münchner Ämtern solche Kontakte wie Ruth Steinführer, niemand kann den Leuten in den Ämtern so gut erklären, warum es manchmal solche Papiere einfach nicht gibt.

Sie ist nicht religiös, nie geworden, sagt sie. Den Kindern habe sie immer gesagt, wenn sie nach ihrer Religion gefragt würden, sollten sie sagen: «Barmer Ersatzkasse.»

Es ist später Nachmittag. Der Kellner kassiert für das Mittagessen, bevor er abgelöst wird. Die «Deutsche Eiche», das ist ein in München ziemlich bekanntes Lokal, früher und auch heute ein Zentrum der Schwulenszene, gleichzeitig, vor allem mittags, eine beliebte Speisewirtschaft der Leute, die im Viertel wohnen und arbeiten. In den Siebzigern war die «Eiche» das Stammlokal Rainer Werner Fassbinders. Auf der Gästeliste: Andreas Baader, Curd Jürgens, Armin Müller-Stahl, Peter Gauweiler, Gert Fröbe, Mario Adorf, Maria Schell – um nur ganz wenige zu nennen. Und eben auch Ruth Steinführer.

Draußen schneit es. Es ist ein Wintertag kurz vor Weihnachten 2003. Wir gehen. Ihr Sohn lebt jetzt in Berlin, die Tochter auf Ischia, sie ist mit einem Italiener verheiratet. Über Weihnachten wird sie zu Besuch kommen. Ruth Steinführer selbst traut sich nicht weg: Kaum sei sie abgereist, sagt sie, klingle sicher das Handy, und jemand sei gestorben und sie müsse sich kümmern.

Sie steckt das Handy ein, es hat die ganze Zeit geschwiegen. Auf der Straße hasten Menschen von Geschäft zu Geschäft.

Ruth Steinführer geht in ihr Büro.

## Der letzte Knecht

Er ist ein kleiner Mann, vielleicht 1,60 Meter, auf dem Kopf eine Mütze wie festgewachsen und im Gesicht ein Lächeln von Ohr zu Ohr. Die Hände kurz, mit krummen Fingern, an den Armen dick hervortretende Adern. Wie er da plötzlich auftauchte im Stall, dachte man, er sei einfach aus einer Box herausgewachsen, hinter einem Pferd hervor, stand auf einmal so da und war auch gleich wieder weg. Er fiel so wenig auf wie ein Sattel oder ein Zaumzeug oder eine Karre mit Stroh oder ein Pferd eben, und man konnte stundenlang in der Stallgasse stehen, und wenn am Ende jemand gefragt hätte: Und, was hast du gesehen?

Man hätte gesagt: Da waren Pferde und Sättel und Zaumzeug und eine Karre mit Stroh.

Und, war da ein Mann? War da ein kleiner Mann, einer mit Mütze?

Stimmt, da war ein Mann.

Er sei, sagte Hans Draga, ein wildes Kind gewesen, ungebärdig. Aber dann habe er, als er fünf war, mit einer Nagelschere gespielt, habe deren Spitze auf einen Tisch gedrückt, durch ein Stück Pappe bohren wollen. Da sei die Spitze abgebrochen, nach oben geschnellt, in sein linkes Auge. Er sieht seitdem nichts mehr auf dieser Seite. Das Auge ist blind. Es bewegt sich noch hin und her wie das rechte, doch ist die Bindehaut leicht gerötet, seltsam stumpf. Es sei von da an schwierig geworden, sich zurechtzufinden, sagte er. Man sehe keine Entfernungen, wenn man nur ein Auge habe. Die Welt habe keine Tiefe. Oft habe er neben Türklinken gegriffen. Oft sei er gegen Wände gerannt, «dann stehst du da und kommst dir blöd vor». Oft sei er ausgelacht worden für seine Ungeschicklichkeit. Vielleicht sei er deswegen immer zaghafter geworden: ein wildes, plötzlich zur Vorsicht genötigtes Kind.

Er war damals 62 Jahre alt, als wir uns kennen lernten, 1997 war das. Nicht selten habe ihn geärgert, sagte er, «dass ich nichts geworden bin». Er habe davon geträumt, Stallmeister zu werden. Aber Stallmeister gab es schon damals nicht mehr, und heute gibt es diese Welt erst recht nicht mehr: von Stallmeistern und Futtermeistern und Oberstallmeistern und Landstallmeistern, die Welt, in der er ein angesehener Mann hätte werden wollen, die Welt der Güter und Gestüte, jene Zeit, in der das Pferd zum täglichen Leben gehörte, den Menschen transportierte, seine Lasten zog, sein Schicksal teilte.

Hans Draga lebte in zwei Räumen einer ehemaligen Stallmeisterwohnung, direkt neben den Ställen der Universitäts-Reitschule in München, in einem alten Haus unmittelbar am Englischen Garten.

Er war Pferdeknecht, war es ein Leben lang gewesen.

Nichts geworden?

Aber doch war um ihn herum die Aura eines seltsamen Glücklichseins, einer erfüllten Leidenschaft.

Seine Arbeit begann um sieben. Gefrorene Morgen waren das im Winter. Hart wie Blech die Plastikplane über dem Stroh im Hof, weiß gefrostet der Misthaufen. Früher stand er schon um halb fünf im Stall. Das schaffte er jetzt nicht mehr. Er brauche, sagte er, mehr Ruhe als früher, mehr Pausen auch tagsüber, in denen er einfach dasitze, erschöpft. Selten verließ er die Pferde vor Mitternacht. Er fütterte viermal Kraftfutter und zweimal Heu, Tag für Tag. Er mistete aus, weiß der Himmel, wie oft er ausmistete, immer die gleiche sanft löffelnde Bewegung mit der Mistgabel, die Rossäpfel aus dem Stroh hebend, in seine Karre hinein.

Er habe Angst, sagte er, einem Pferd mit einem Zinken ein Auge auszustechen, nie verliere er diese Angst.

Er striegelte die Pferde. Er machte sie reitfertig. Er führte sie zum Schmied. Er beruhigte sie, wenn sie dann nervös waren. Er redete mit ihnen. Er sagte ihnen, was für nette, liebenswürdige Kerle sie seien, oder wie dämlich und böse er sie heute finde. «Du schreckliches

Schweinepferd», sagte er, und «Schweinesau», wenn eines noch mehr Mist gemacht hatte als normalerweise schon.

Das meinte er nicht so. Er lachte dabei.

Er lebte mit den Pferden, arbeitete für sie, teilte ihr Schicksal, begleitete sie, wenn es Zeit war, in den Tod. Einmal, in einer Faschingsnacht, erzählte er, hatte eines der Pferde eine Darmverschlingung. Der Tierarzt durfte es nicht töten, weil dazu die Einwilligung der Besitzer notwendig gewesen wäre. Die waren nicht erreichbar. Nachts um zwei schaute er nach dem Tier, da lebte es noch. Um fünf Uhr früh, als er wiederkam, «wieherte es mir entgegen, wie ein Hilfeschrei». Er war machtlos, mistete die Boxen der anderen aus, und plötzlich hörte er ein dumpfes Plumpsen, dann das Wiehern der anderen. Da war das Pferd tot umgefallen.

«Es war sonst eigentlich so ein blödes Tier», sagte er. «Es hat sich nie geäußert. Aber das werde ich mein Leben lang nie vergessen.»

Es war ein Morgen wie dieser, an dem wir uns trafen, kalt, klar.

Wenn er sein Leben erzählte, berichtete er von Pferden. Wie die Tiere schuften mussten bei der Rübenernte auf den oberschlesischen Feldern um Gleiwitz, wo er geboren ist, und um Bauerwitz, das Städtchen, in das sie zogen, als er vier war. Oft gingen die Tiere in die Knie, wenn sie die haushohe Rübenlast aus den verschlammten Feldern zogen. Und wenn es mit dem leeren Karren wieder zurückging zum Acker, mussten sie schon wieder im Trab gehen, nie im Schritt. Einmal sah er, wie Passanten einen Pferdeknecht verprügelten, weil er die Tiere gar so geschunden hatte. Im Krieg fuhren Pferdewagen am Haus der Dragas vorbei zur Front, in die Schlacht, die vor der Stadt tobte, und vor der die Familie nach Bayern floh.

Als sie alle in Raubling im Chiemgau ankamen, luden sie Hab und Gut auf eine Kutsche, vor der ein heller Fuchs ging. Der Zehnjährige sprang auf den Wagen, aber der Kutscher, der nebenherging, sagte nur: «Geh da herunter, der hat genug zum Ziehen!» Nie vorher, nie nachher, sagt Hans Draga, habe er sich so geschämt.

Für vier Jahre kamen sie in das Dorf Kleinholzhausen. Immer wieder erzählte er, wie die Leute dort mit den Tieren lebten, die ihnen halfen, das Holz vom Berg über Hohlwege hinunter ins Tal zu bringen. Das war schwere, gefährliche Arbeit für die «Buam», wie die Bauern ihre Pferde nannten, obwohl es alles Stuten waren. Keiner von denen habe eine Peitsche gehabt, jeder habe immer voller Hochachtung von seinen Tieren gesprochen, und alle Pferde hätten sich für ihre Besitzer zerrissen. Es sei dort eine andere Beziehung zwischen Menschen und Pferden gewesen, eine Beziehung, wie sie über Tausende von Jahren bestanden habe und wie es sie nicht mehr gebe.

Oft wünsche er sich, sagte er, vor 200 Jahren gelebt zu haben, als das Pferd den Menschen mehr galt – und sein, Hans Dragas, Beruf auch.

Er war voller Wut darüber, wie heute mit Pferden umgegangen wird. Viele Freizeitreiter hätten nicht den geringsten Sinn für die Äußerungen ihres Pferdes. Unruhe gelte ihnen als Temperament, Stumpfsinn als Bravheit, und schlage das Tier beim Satteln mit dem Kopf, rufe man, es freue sich aufs Reiten, «dabei würde es am liebsten zum Fenster hinausspringen».

«Manchmal», sagte er, «könnte ich schreiend weglaufen.»

Nur der sportliche Erfolg sei Gradmesser für den Wert eines Pferdes, nur Leistung, wie überall im Leben, «nur Leistungsmenschen überall». Früher habe auch der beste Pfleger höchstens zwei Pferde zu betreuen gehabt. Heute seien es bei ihm 13, aber das sei eine unvergleichlich gute Situation. In vielen Ställen müsse ein Pfleger sich um 50 Pferde kümmern – was heißt kümmern? Die Bauern auf dem Land, die früher die Ställe voller Kühe und Schweine hatten und nun auf Pferdehaltung umgestellt hätten, die wüssten oft nicht, wovon er rede: Der Knecht müsse bloß putzen und misten, was sei daran so viel Arbeit? «Der Beruf», sagte Hans Draga, «ist ja praktisch gestorben, in der Form, wie ich ihn mache.»

Wild und wütend redete er, dann wieder furchtsam. Er nannte sich selbst feige. Er sagte, «dass ich mich oft nichts sagen traue. Man weiß genau, es geschieht Unrecht, aber man sagt nichts, aus Angst, dass man seine Arbeit verliert.»

Er sagte: «Ich habe oft Angst vor Unannehmlichkeiten. Da bin ich ein richtiger Scheißkerl.»

Einmal, das ist lange her, wurde sein jüngster Sohn von Polizisten nach Hause gebracht. Sie hatten ihn im Verdacht, ein Fahrraddieb zu sein – was nicht stimmte. Statt seinen Sohn in Schutz zu nehmen, sei er, sagte Hans Draga, auf ihn losgegangen. Er verfluchte sich später dafür, immer wieder. Dann erzählte er, einem Kollegen sei das Jugendamt auf die Bude gerückt, weil dessen Sohn in der Schule Schwierigkeiten gemacht habe. Da habe der Mann den Buben mit der Mistgabel in der Hand verteidigt. Wie er das bewunderte: den Mut, den Zusammenhalt dieser Familie!

Als sein eigener Vater in den fünfziger Jahren aus der Kriegsgefangenschaft zurückkehrte, zog die Familie in den Bayerischen Wald, nach Eging, wo der Vater wieder wurde, was er in Oberschlesien gewesen war: Bezirkskaminkehrermeister. Auch Hans Draga machte eine Lehre als Kaminkehrer. Aber er liebte den Beruf nicht, gab ihn auf, wurde Pferdepfleger bei einem Reitverein in Stuttgart. Er wollte auch ein eigenes Pferd haben, bekam es vom Vater zur Hochzeit geschenkt, «die alte Stute», wie er es nannte. Er habe seitdem immer ein eigenes Pferd gehabt, sagt er, «damit mich das nicht so stresst, was andere mit ihren Pferden machen». Aber er durfte dieses Pferd in Stuttgart nicht halten. Der Reitverein erlaubte das nicht: Knecht und gleichzeitig Besitzer – das vertrug sich nicht mit dem Dünkel der Mitglieder. Also sattelte Hans Draga seine alte Stute und ritt die Donau entlang bis in den Bayerwald. Ein Jahr war er ohne Arbeit. Dann zog er nach München, 1959, in den seltsamen kleinen Kosmos namens Uni-Reitschule, in dem er damals lebte, als ich ihn kennen lernte.

Er sagte, er sei froh, hier sein zu können, «an diesem liebenswürdigen, altmodischen Ort», seit fast 40 Jahren schon. Er sprach voller Dankbarkeit vom Pächter der Reitschule, Siegfried Dehning, einem früheren Military-Champion, von dessen Frau, einer bekannten Springreiterin, deren Söhnen, ebenfalls erfolgreiche Reiter. Man ermögliche ihm, was anderswo undenkbar sei: wenigstens ein bisschen so zu arbeiten, wie er es wolle. Er redete von Bildhauern, Musikern, Schauspielern, die hier ihre Pferde hatten oder zu Besuch kamen, von Liselotte Pulver, Horst Buchholz, Roy Black. Er sagte, einmal habe es einen Fototermin mit Soraya auf einem Pferd aus seinem Stall gegeben, «da drüben in … Wie heißt das auf der anderen Seite der Isar? Bogenhausen?»

Er pflegte das Pferd von Veronica Ferres. Aber am meisten, unablässig eigentlich, sprach er von Hippologen, Reitlehrern, Pferdeleuten, die hier ein und aus gingen. Er war voller Stolz, dass er sie kannte und sie ihn. Seine Kinder waren hier aufgewachsen. Seine Tochter, die Älteste, habe «darunter gelitten, dass ich dienen musste», sagte er. Anfangs habe sie mit seiner Frau im Bayerischen Wald gelebt. Als er sie einmal dort besuchte und in den Arm nahm, hatte sie den ersten Anfall einer «Stallallergie». Später, in München, musste sie mit Cortison behandelt werden, «wir konnten sie ja nicht an die Nordsee schicken».

Er sorgte sich um den älteren Sohn, der sich durchschlage mit Jobs, nicht buckeln wolle für andere, das Knechtsein verachte. Der zweite, jüngere Sohn starb zwei Jahre zuvor bei einem Motorradunfall. In der Morgendämmerung stand die Polizei vor der Tür, ihm das mitzuteilen. Er ging seitdem fast täglich in die Kirche. Er sagte, es wäre besser gewesen, die Kinder wären in anderer Umgebung groß geworden. Die vielen reichen Kinder in der Reitschule – es sei für die vieles selbstverständlich gewesen, was für seine Kinder unerreichbar war: Geld in Spielautomaten zu stecken, ein Moped zum Geburtstag zu bekommen, es gleich bei einer Raserei auf der Reitbahn zu ruinieren.

Wenn er vor 200 Jahren gelebt hätte ...

Er sagte, damals hätten Pferdepfleger nicht heiraten dürfen, und das sei besser gewesen. Nur Stallmeistern war erlaubt, eine Familie zu gründen.

Er sagte, er könne seinen Sohn verstehen, der nicht dienen wolle. Gleichzeitig habe er Angst um ihn: «Man wird ja zermalmt, wenn man nicht mitspielt in der Gesellschaft.»

Sprachen wir nicht eingangs von Wildheit und Angst? Einmal zitierte er die berühmte Reitlehrerin Linda Tellington mit einem Satz, der mir nicht mehr aus dem Kopf ging: Das Pferd sei ein angstvolles Tier, und der größte Gefallen, den man ihm tun könne, sei, ihm die Angst zu nehmen.

Ist es das, was der Mann in den Pferden gefunden hatte: die eigene Angst? Ist es das, was sie in ihm fanden: einen, der sie verstand, weil er sich in ihnen wiedererkannte? Der ihnen geben konnte, was sie brauchten, weil er wusste, was sie brauchten – denn er brauchte es selbst?

Wir standen im Stall. Ein Hengst, der in seine Box gehen sollte, schnüffelte, statt sich zu fügen, am Mist in der Karre. Da wurde Draga zornig, schob das Tier weg, energisch. Er sagte, niemals sei es in einer Herde einem untergeordneten Hengst erlaubt, gegen den Willen des Leithengstes so etwas zu tun. Was ist der Pfleger anderes als der Leithengst? Es gibt eine Ordnung im Stall, und wer in einer Ordnung lebt, fühlt sich sicher.

Als er einmal Ferien hatte, war er in Andalusien, auf dem Gestüt der Peraltas, einer Familie, die berühmte Stierkämpfer zu Pferde hervorgebracht hat. Er stand dort vor einer Box und betrachtete ein wunderschönes Pferd, starrte es an wie ein Kind. Da kam einer der Peraltas, klopfte ihm auf die Schulter und holte das Pferd für ihn heraus, führte es ihm vor und sagte: «Sie werden auf der Welt vielleicht schönere finden als ihn, aber keinen mit mehr Charakter.»

Nur für ihn, den einfachen Mann, habe der das gemacht, sagte Hans Draga – weil er gesehen habe, dass er etwas verstehe von Pferden. In Deutschland sei das undenkbar, «bei unseren Schnöseln». Natürlich gab es viele, die ihn achteten, eine Menge von Pferden verstanden, mit ihm lachten und weinten über die alten Zeiten der Uni-Reitschule. Aber oft, sagte er, werde ein Pfleger einfach umgerempelt, wenn er im Weg stehe. Es habe Zeiten gegeben, da habe man gefragt, ob man in den Stall kommen dürfe. Heute trete jeder einfach ein, auch die Kinder. «Viele von denen», sagte er, «lassen sich nichts sagen, schon gar nicht von einem Stalldeppen. Man wird ausgelacht, dass man ist, wie man ist.»

Er fühlte sich den Pferden nahe. Ihre Angst war seine Angst. Ihr Leben war sein Leben. Die Beachtung, die er ihnen schenkte, war die Beachtung, die er sich selbst wünschte. Das Unverständnis, mit dem viele Reiter Pferden gegenüberstehen, war das Unverständnis, mit dem sie auch ihn sahen.

Warum ich dies erzähle? Es geht hier um nichts anderes als um Würde in würdelosen Zeiten, und es geht um Zeit in flüchtigen Zeiten.

Neulich, sagte Hans Draga, habe er sein Motorrad zur Inspektion gebracht. Er habe an der Wand eine Tabelle gesehen, auf der genau festgelegt war, welche Arbeit wie viele Minuten dauern dürfe. «Widerlich», sagte er, «wie schnell alles heute gehen muss.» Seine Tochter habe mit Behinderten gearbeitet: Da habe man nicht mal mit den Patienten reden dürfen, sonst sei man nicht fertig geworden mit der Arbeit.

Warum sehnte sich Hans Draga nach einem Leben vor 200 Jahren? Weil er sich nach einer anderen Moral sehnte, nach einer anderen Zuwendung von Menschen zu Tieren und von Tieren zu Menschen, und von Menschen zu Menschen. Was Zeit kostet, das gilt nichts in diesen Zeiten. Wer Herr ist, hat keine Zeit. Mag sein, dass er reich wird und sich Pferde kaufen kann. Aber wird er ihnen geben können, was der Knecht ihnen gibt? Und wird er von ihnen bekommen, was der Knecht von ihnen bekommt?

Er war damals 62 Jahre alt. In drei Jahren sollte er den Platz verlassen, den das Leben ihm angewiesen hatte. Er sagte, er habe immer in dem Gefühl gelebt, er werde nicht alt. Seine Frau war vor einiger Zeit in das kleine Haus im Bayerischen Wald gezogen, das er geerbt hatte. Sie pflegte dort ihre sehr alten Eltern. Seitdem war eines der beiden Zimmer, in denen er lebte, ohne Möbel – es für drei Jahre einzurichten, sagte er, könne er nicht bezahlen. Viel hatte er nie verdient. Er wisse nicht, wie viel Rente er bekomme, sagte er, er wage es nicht, das auszurechnen. Als die Kinder klein waren, überlebte die Familie nur, weil die Großeltern sie unterstützten. Wenn er nicht mehr arbeite, werde er auch in den Bayerischen Wald ziehen müssen, sagte Hans Draga. München sei zu teuer für ihn, und in Eging habe er das Häuschen. Aber undenkbar sei, ein Pferd zu halten – das werde er sich nicht leisten können.

Er sagte leise: «Ich kann mir das gar nicht vorstellen – ohne Pferde.»

Das war 1997. Als ich mich sechs Jahre später nach ihm erkundigte, war er tatsächlich in Rente gegangen und in den Bayerischen Wald gezogen. Ein eigenes Pferd hatte er nicht, nur eines in Pflege, für eine Weile.

Wir gingen noch einmal in den Stall, nachts um elf, über den dunklen Hof der Reitschule, hinein in den schwach scharfen Geruch der Pferde, das Geräusch raschelnden Strohs unter ihren Hufen, das leise Aufwiehern, das ihn begrüßte. Durch die Stallgasse lief ein schwarzer Kater. Irgendjemand habe den ausgesetzt, sagte Hans Draga, und nun gebe er ihm jeden Tag zu fressen. Die Gitter vor den Boxen klackten, wenn er sie aufschob, klackten wieder, wenn er sie schloss, immer das gleiche Geräusch. Er schaufelte Mist, holte Heu, fütterte die Pferde. Er nahm sein eigenes aus der Box, eine weiße Stute, einen Deliboz-Araber aus Aserbeidschan. Er hatte es mit sechs Jahren gekauft, mit chronischer Sehnenscheidenentzündung. Wäre es gesund gewesen, hätte er es nicht bezahlen können. Er hatte gedacht, er könne es gesund pflegen. Das hatte er nicht geschafft. Er zeigte die Melanome am Hals und unter dem Schweif, weiße und schwarze Beulen vom Krebs, an dem das Tier litt und an dem es sterben sollte. Er sagte, was für ein lieber Kerl es sei, wie schön es sei, ihn zu reiten, wie empfindlich er reagiere, wenn man mit ihm schimpfe, wie er dann dastehe, ganz entgeistert, irgendwie dem Weinen nah, wenn Pferde weinen könnten.

Manchmal ritt er noch um diese Zeit in den Park. Man sei nicht allein dort, sagte er, auch nicht mitten in der Nacht. Man treffe Musiker, die zu Hause nicht üben dürften. Man treffe einen Kardinal, der spazieren gehe. Einmal tanzten im Dunkel türkische Mädchen um ihn herum in wehenden schwarzen Gewändern.

Ein anderes Mal, um vier Uhr früh, als er mit der Stute unter einer Laterne hielt, kam ein Betrunkener auf einem Fahrrad, starrte das Pferd an, stürzte, rappelte sich auf, starrte wieder auf das Pferd, umarmte es plötzlich und entschuldigte sich, immer wieder rufend: «Wissen S' was, i hab' jetzt glaubt, i bin im Himmel.»

# Franky

Franky, das ist Frank Eydner. Er hat viele Jahre lang in unserem Viertel mitten in München die Straßen gekehrt, natürlich nicht er allein, da waren auch noch andere. Aber er fiel am meisten auf: ein großer blonder Mann mit einem Charakterschädel und einem wachen Blick auf alles um sich herum. Einer, dem nichts entgeht. Und der einem selbst eben auch nicht entgeht.

Ab vier Uhr morgens fegte er Straßen und Bürgersteige. Oft sah man ihn mit Leuten reden, und man hörte das auch, denn er redet laut, in einem Münchnerisch, das man so oft auch nicht mehr hört, hier in München.

Das Viertel war vor zehn Jahren ja noch anders als heute. Es war eine Gegend kleiner Leute. Die vielen Altbauten waren oft nicht saniert, in die Bombenkriegslücken dazwischen hatte man in den fünfziger und sechziger Jahren einfache Wohnhäuser gesetzt. Wo heute eine Hutboutique ist, war damals eine alte Drogerie mit einem Drogisten im weißen Kittel. Wo heute ein teures Restaurant ist, war die «Bodega Bar», die bis morgens um drei oder vier geöffnet hatte; man konnte da noch spät in der Nacht Spaghetti essen, keine Selbstverständlichkeit in München. Wo heute eine Bar ist, war eine Schwulendisco. Und wo jetzt das hässlichste Haus der Straße steht, ein widerlich primitiver Kommerzneubau, da war irgendwie gar nichts, nur so ein flaches altes Haus, ganz früher beherbergte es mal ein Kino.

Die Zeiten haben sich geändert, die Gegend ist nun ziemlich schick und auf eine neue Art sehr lebendig. Das kann man mögen oder nicht. Ich finde es in mancher Hinsicht ganz schön.

Franky mag es nicht.

Frank Eydner ist in der Müllerstraße geboren, das war 1968. Sein Vater war Autosattler von Beruf, aber er arbeitete dann 25 Jahre in der Verwaltung der Müllabfuhr und der Straßenreinigung. Nun ist er in Rente. Seine Frau und er haben vier Söhne. Franky ist der Jüngste.

In der Müllerstraße spielten die Buben Schusser. Im Sommer sprangen sie von den Brücken in die Isar, darauf waren sie stolz. Es war natürlich verboten, und die Polizei kam. Aber kaum drehte sich ein Schutzmann um, waren sie schon wieder im Wasser. Besser als Schwimmbad war das, sagt Franky heute, viel besser. Außerdem kostenlos.

So eine schöne Zeit! Ein einfaches Leben, eine schöne Zeit! «Es gab keinen Videorecorder, es gab keine Telespiele», sagt Franky. «Es gab nicht viel Geld. Da rückt man schon mal zusammen, was den Ofen betrifft, oder teilt das Bett.»

Er lernte Einzelhandelskaufmann. Aber er wurde Straßenkehrer. Warum?

«Das kann ich bis heute nicht beantworten», sagt er. «Es ging ums Freisein, ums Anderssein. Darum, selbst über mein Leben zu bestimmen.» Es hat ihm gefallen, die Straßen dort zu kehren, wo er geboren und groß geworden war und immer noch wohnte. Die Leute zu kennen, die er bei der Arbeit sah. Und in der Pause mal nach Hause zu gehen und dort für sich zu sein.

Franky sagt: «Man muss das Leben provozieren. Man muss das Leben spüren. Man muss es feiern. Man muss in die Vollen gehen!» Was ihn am meisten stört an vielen Leuten und worüber er immerzu wieder aufs Neue reden kann und reden will, das ist «dieses Gelebtwerden». Er sagt: «Die Menschen werden über den Konsum ferngelenkt, sie gieren nach Besitz und merken nicht, dass sie verlieren, was wirklich wichtig ist.»

Franky hat kein Auto, keinen Computer, kein Handy. Er verachtet das. Er liest. Er liebt zum Beispiel die russische Literatur, Dostojewski, Tolstoi. Er zitiert im Gespräch schon mal Schopenhauer.

Er ist ein neugieriger Mensch. Er will etwas wissen über das Leben. «Als ich 18 war», sagt er, «wollte ich wissen, was Crack-Partys sind. Ich

bin nach New York geflogen deswegen, nach Brooklyn, zwei Wochen, dann bin ich wieder zurück. Ich hab's genossen.» Später hat er sich in den USA Autos gemietet, fuhr nach Kentucky, ohne viel Geld, fragte auf dem Land nach Arbeit, nach Essen, nach Unterkunft, blieb mal hier, mal dort. «Ich wollte wissen, wie das ist, abends auf der Veranda eines Farmhauses zu sitzen. Der Blue Moon.»

Er sagt: «Und ich muss doch wissen, als junger Mensch, wie das ist, ein LSD-Trip. Gerade wenn ich ein kreativer Mensch bin.» Er hat es kennen gelernt, und als er mit einem Freund auf LSD war und den Freund anschaute und merkte, der konnte ihn aber nicht anschauen, mitten auf dem Trip konnte er ihn nicht mehr anschauen, da wusste Franky: Für ihn ist das nichts. Wenn man sich nicht in die Augen schauen kann, dann ist das nichts.

Eydner vertritt einfache Werte. Er sagt: «Ich erwarte Menschlichkeit, Höflichkeit, Respekt, Miteinander. Dass man am anderen Leben teilnimmt.» Er hasst es, wenn Leute im Gespräch eine SMS verschicken. Er beklagt die psychische Vereinsamung, die viele Leute an sich selbst oft nicht bemerken.

«Allen geht es gut», sagt er, «aber jeder ist aggressiv.»

Er fühle sich nicht als Deutscher. Er mag dieses Land nicht besonders. Die Deutschen würden ihr Leben verkaufen, sagt er. Er fühle sich als Mensch. Zentrum seines Lebens sei seine Familie. Seine Eltern. Seine Brüder.

Wir sitzen im Wirtshaus «Glockenbach». Früher hat hier der Sternekoch Ederer ein Lokal betrieben, aber der ist in die Innenstadt gezogen. Da hat Eydners Bruder Christian den Laden übernommen und ein bayerisches Wirtshaus daraus gemacht, ein Lokal mit bodenständiger Küche, einfach, solide, gut.

Christian ist zwei Jahre älter, aber Franky ist irgendwie immer sein Beschützer gewesen, auf eine gewisse Art. Er ist ein großer Mann, wie gesagt, gut trainiert, sehr fit.

Vor einer Weile war der Bruder mit einer Freundin im «Salzburger Grill». Der ist ganz in der Nähe: das Lokal, in dem sie schon als Jugendliche manchmal am Tresen helfen durften. Ein paar Asylbewerber aus Afrika kamen herein, die sind oft hier unterwegs und meistens betrunken. Sie baggerten die Frau an. Der Bruder hatte plötzlich einen Aschenbecher am Kopf, eine Arterie riss, er blutete stark, «es sah aus wie im Schlachthaus», sagt Franky. Die Freundin rief ihn zu Hause an, schrie, er müsse helfen. Er wohnte da noch in der Nähe, kam mit dem Radl.

«Hey, Brother!», sagte einer der Schwarzen zu ihm.

«Was bist'n du für a Zipfi?», fragte Franky.

Er sei ja nun selbst oft in Amerika und in New York gewesen, und er finde, ein Afrikaner solle zu dem stehen, was er sei, «und nicht mit ‹Hey, Brother› einen auf Amerikaner machen». Jeder solle zu dem stehen, was er sei. «Heimat ist für mich nichts, was man so von einem Tag auf den anderen auswechselt.» Er sei der Ansicht, in der Straße, in der er aufgewachsen sei, habe man ihn und seine Familie höflich und respektvoll zu behandeln. «Und meine Familie berührt keiner. Wenn ich mich nicht mehr in der Familie zurücklehnen kann, wofür bin ich dann noch auf der Welt?»

Er sah seinen Bruder bluten und hat dann ziemlich gewütet unter denen, die ihn so verletzt hatten. Es gab sogar eine Strafanzeige. Aber die wurde sehr schnell zurückgezogen, als Frank Eydner bei der Polizei darstellen konnte, was tatsächlich geschehen war. Wer angefangen und wer reagiert hatte.

Als Eydner 18 und 19 Jahre alt war, stand er zweimal vor Gericht. Einmal wurde er zu 1000, einmal zu 5000 Mark Geldstrafe verurteilt. «I hob zwoamoi g'rafft», sagt er. Aber er habe keine alte Frau ausgeraubt! «Bevor i jemand was klau, tat i eher no wos hileg'n.» Aber damals, als er Jugendlicher war, gab es natürlich immer dieses Machtgerangel untereinander, «wer traut sich, wer kann, wer macht mit?». Nichts, dessen man sich rühmen könnte, aber so war es eben. Soll man sich drüber aufregen? «Die Leute sollen doch hinschauen, wo wirklich das Böse ist», sagt er.

Jahre später, als er seine erste Ausstellung hatte, stand in der Zeitung, erst einmal und dann noch einmal: Er sei früher «ein übler Schläger» gewesen. Da hat er zum Autor gesagt: «Des kannst dir abg'wohna, des zu schreib'n, sonst kriagst du von mir amoi a Watsch'n.»

Er ist einer, der sich zu verteidigen gelernt hat. Er sagt, er sei ein höflicher und respektvoller Mensch, und er erwarte auch von anderen, dass sie höflich und respektvoll seien. Er ist leicht zu verletzen. Man spürt, wenn man neben ihm sitzt, eine immer präsente, nervöse Wachsamkeit.

Er erzählt von dem Vorgesetzten, der ihm bei der Arbeit auf die Schulter tippte und sagte: «Eydner, mitkommen!»

Aber Eydner kam nicht mit. Er blieb, wo er war. Und sagte: «San S' höflich zu mir, dann putz i Eahna sogar d' Schuh. Aber so reden S' net mit mir!»

«Es ist schon schwer mit Ihnen, Herr Eydner.»

«Naaa, mit Ihnen ist es schwer.»

Er reagiere in solchen Situationen automatisch, sagt er, als ob ihm jemand einen Schmerz zufüge. Er steuere das nicht bewusst. Deswegen mache er auch keine Unterschiede zwischen den Menschen, ob schwarz oder weiß, Chef oder Untergebener.

Sagte ich eben übrigens Ausstellung?

Ja, Ausstellung.

Frank Eydner hat früher gemalt, in der Art von Keith Haring, «Strichmantschgerl», sagt er selbst, auf großen Leinwänden. Die hat er ausgestellt, hier im Viertel. Das zum einen.

Zum anderen haben (weil Frank Eydner nun mal so ist, wie er ist, unübersehbar und eben doch ein sehr besonderer Straßenkehrer) Mitte der neunziger Jahre die Filmemacher Petra Heilingbrunner und Uli Kick den Mann entdeckt und einen Film über ihn gemacht, «Streetwork Orange» hieß der, ein später preisgekrönter Fernsehdokumentarfilm. In diesem Film ging es um das Leben des Straßenkehrers Eydner, um seine wilde Jugend und seine interessante Gegenwart.

Es gab eine Stelle im Film, da erzählte Franky, wie gern er mal eine Weile in Paris leben würde, als Straßenkehrer. «Vielleicht gibt's in Paris einen, der so drauf ist wie ich», sagte er, der könne ja dann nach München kommen.

Das ließ sich machen, die Stadt München war ja inzwischen stolz auf ihren weithin bekannten Mitarbeiter. Und eines Tages wurde

Frank Eydner der erste Austauschstraßenfeger Deutschlands. Ein Vierteljahr kehrte er die Straßen von Montmartre. Und ein Pariser fegte München.

Darüber wurde ein zweiter Film gedreht, «Franky's Paris».

Und Franky war auf einmal weltberühmt, jedenfalls im Viertel.

Mit der Malerei hatte er inzwischen aufgehört. Er hatte etwas anderes entdeckt, das ihn mehr faszinierte und bis heute beschäftigt: Fotografie.

Das kam so: Er lernte eines Tages den Fotografen Joseph Gallus Rittenberg kennen, der ebenfalls in der Gegend lebt, freundete sich mit ihm an und bekam von ihm eine alte Canon mit Objektiven geschenkt. Mit der machte er Bilder. Es stellte sich heraus, dass Frank Eydner eine bis dahin unerkannte Begabung besaß: nämlich eben zu fotografieren, Bilder im Leben zu erkennen und das Leben in Bildern.

Sehen Sie seine drei Fotos in diesem Buch!

Erstens: den türkischen Straßenkehrer Muzzafa im Münchner Reinigungsbezirk Mitte. Da sieht man einen Mann, der Tag für Tag die Straßen einer Stadt fegt, in der er nicht geboren ist, deren Sprache er bis heute nicht spricht, ein Mann, dem diese Stadt zugleich fremd ist und vertraut. Und man sieht in diesem Bild all diese Fremdheit und Vertrautheit auf einmal, man sieht einen kleinen, traurigen Mann, sein Verlorensein, seine Müdigkeit und ein bisschen glimmende Hoffnung.

Zweitens: die Kinder, die von einer der Isarbrücken in den Fluss springen, wie Franky früher von den Isarbrücken in den Fluss sprang – ein Moment von Freiheit und Optimismus, von jener Leichtigkeit, die man nur als Kind empfindet und die irgendwann vergeht und nicht wiederkommt.

Drittens: den kleinen Buben, der vorm «Schlafzimmer Stephan» steht, dem Bettengeschäft, das «Schlafkompetenz von A bis Z» bietet. (Man fragt sich, was beim Schlafen eigentlich A ist und was Z.) Der Bub kam wochenlang Tag für Tag bei Franky vorbei, mit seinem selbst gebastelten Hut und den Stiefeln. Eydner lieh ihm einen Besen zum Spielen, mit dem steht er nun da im Bild, vor sich zwei Schlafexperten. Man spürt, wie der Bub einmal seinen Kindern erzählen

wird von dieser Kindheit, wie er einen Sommer lang Straßenkehrer spielte, vorm «Schlafzimmer Stephan» fegte und mit den Verkäufern redete. Und was steht da rechts? «Sie können viel mehr sehen, als Sie jetzt sehen!» Das ist der Slogan des Geschäfts. Seine Schaufensterfront ist klein, aber die Tiefe des Ladens groß. Und hier im Bild ist der Satz noch einmal auf eine ganz andere Art wahr.

Das sind so die Bilder, die Frank Eydner macht. Bitte, ich will nicht übertreiben, vielleicht steigere ich mich in etwas hinein ... Aber man denkt doch an den großen Robert Doisneau, wenn man diese Bilder sieht: Das war auch einer, der zeitlose Momente festhalten konnte.

Kann überhaupt sein, dass ich mich hier gelegentlich zu sehr von meiner Sympathie zu dem Mann tragen lasse. Man begegnet einfach selten Kerlen, die geradeheraus sind. Daran liegt das.

Diese Fotos hat Eydner ausgestellt in München, viele andere dazu. Er zieht sie auf Leinwände und verkauft sie. Er hat sie in einem eigenen Buch veröffentlicht, für das der Fotograf Rittenberg ein Vorwort und der Stadtbaureferent Haffner ein Nachwort geschrieben haben. Tausend Exemplare hat er drucken lassen, sind alle weg.

18 Jahre lang ist Frank Eydner nun Straßenkehrer gewesen. Er ist 36 Jahre alt, hat die Hälfte seines Lebens von morgens um vier bis mittags um zwei Straßen gefegt und seinen Blick auf die Welt geschult. Er sagt, es könne sein, dass er bald genug habe. Dass er was anderes mache. Ohnehin hat er oft mit den Nasennebenhöhlen zu tun, kein Wunder: Bei jedem Wetter ist er draußen, Tag für Tag.

Er arbeitet schon seit einer Weile nicht mehr in unserer Straße. Er wohnt auch nicht mehr hier. Er ist versetzt worden. Wollte auch versetzt werden.

Er will nicht diese Prominenz, die er bekommen hat, «ich habe ja nicht gewusst, dass die Filme so in die Seele der Menschen einschlagen». Die Manager und Architekten, die hier wohnen – das ist nicht mehr seine Welt. Er hat wohl auch gespürt, was die Veränderung des Viertels mit sich brachte: dass er nicht mehr so sehr das Herz der Gegend war, sondern plötzlich so etwas wie – Dekoration.

Er findet, er sei durch die Filme zu etwas stilisiert worden, was er nicht sei: der Straßenkehrer, der für die Menschen da sei, am Schuljahresende die Zeugnisse der Kinder anschaue, mit ihnen Bilder male, jugendlichen Gewalttätern ins Gewissen rede, Drogenabhängige bekehre – eine Art fegender Sozialarbeiter. Er sagt, er schicke kein Kind weg, das zu ihm komme, er rede mit jedem, das gehört zu seiner Lebensauffassung: offen zu sein. Aber er habe ja nun mal zu tun auf der Straße und auch sonst. Zu viel Leute, das nerve ihn. Er brauche seine Zeit für sich selbst.

«Sozialkitsch» nennt er den Kult, der um ihn entstand: Franky, unser Straßenkehrer mit dem goldenen Herzen. Er sei weggezogen, weil er gemerkt habe, «dass die Leute irgendwie Anspruch auf mich erheben. Ich lass mich zu nix stilisieren, was ich nicht bin. Auch wenn es den Leuten noch so gut gefällt.»

Oft schaut er auf die Uhr, während wir reden.

Ob er wegmüsse, frage ich. Ob er in Eile sei.

Nein, er habe Zeit. Aber er sei ein unruhiger Mensch, irgendwann habe er das akzeptiert, und es gehe ihm besser, seit er das akzeptiere.

«Wassermann», sagt er. «Ich bin Wassermann. Wassermänner sind so.»

Ob er an Astrologie glaube …

Nein, sagt er. Aber das mit dem Wassermann stimme einfach.

Er hätte nicht erzählen müssen, dass er die Schwarzen vor dem «Salzburger Grill» verhauen hat. Er müsste nicht sagen: «Ich finde, ich bin auf meine Weise genial, und ich werde es der Welt schon zeigen. Aber ich muss es herausfinden.» Er könnte bescheidener sein, zurückhaltender, angepasster. Aber er ist es nicht.

«Frei sein, anders sein, über das eigene Leben selbst bestimmen», sagt er, darum gehe es ihm. «Deswegen meg'n mi d' Leit, weil i so bin wiari bin.» Er ist ja sehr beliebt. Wo er auch hinkommt, ist er beliebt.

Er sagt, der schönste Tod, den er sich vorstellen könne, sei der Tod der beiden Frauen in dem Film «Thelma und Louise»: Wie sie mit dem Auto über die Kante in den Canyon rasen und fliegen und …

Hier ist einer, der mit seinem Leben macht, was er will.

## Mutmaßungen über Bernd

Du gehst durch die Straßen Berlins, im Wedding. Es ist elf Uhr vormittags, du möchtest einen Kaffee trinken, an der Ecke ist eine Kneipe, da gehst du hinein. Am Tresen stehen drei Mann, jeder hat ein Bier vor sich, alle sind sie so Anfang sechzig. Und hinter dem Tresen: die Wirtin. Die ist jünger, vielleicht fünfzig, und spricht aus geräucherter Kehle mit so einer heiseren Berliner Wirtinnenstimme. Blasse Menschen, schlaffe Gesichtshäute, Bäuche.

Die Wirtin bringt dir den Kaffee, du blätterst in einer Zeitung, aber dann hörst du dem Gespräch zu, das neben dir im Gange ist: Wie es dahinplätschert, sich mit Schumi beschäftigt und dem Fußball, eine Pause macht und sich dann plötzlich einem Menschen zuwendet, der nicht da ist und dessen Schicksal aus dem allgemeinen Gebrabbel der Zeit schemenhaft vor dir aufsteigt:

ERSTER MANN: «Weeßte, wen ick nu' schon lange nich' mehr jesehn habe: den Bernd.»

WIRTIN: «Der war schon 'ne janze Weile nich' mehr hier.» *(Hustet leise)*

ZWEITER MANN: «Wo ist der eijentlich?» *(Trinkt)*

DRITTER MANN *(vor sich hin)*: «Ssu mir hatta ma' jesacht: Ick ha' so hohe Schulden, ick kann mir nürnx mehr seh'n lassen.»

WIRTIN *(zieht an ihrer Zigarette)*: «Sicha schon zwee Monate, detta nich' mehr hier war.»

ERSTER: «Der hatte doch 'n Jarten in Königs Wusterhausen jehabt, seit der Wende, mit sein' Kuseng zusamm' ...»

ZWEITER: «Det letzte Mal ha'ck 'n am Westhafen jesehn. Is' aba schon 'ne Weile her.»

ERSTER: «Am Westhafen. Wat hatte der'n am Westhafen ssu suchen?» *(Trinkt)*

ZWEITER: «Keine Ahnung. Ha'ck 'n nich' jefracht. Ick hatte mir da Kohle bestellt, und ...»

WIRTIN: «Da wirta doch nich' mit 'n Fuß inne Ankerkette jekomm' sein ...» *(Lacht rasselnd, zieht nervös an ihrer Zigarette.)*

DRITTER *(wieder vor sich hin)*: «‹Ick ha' Schulden wie 'n Major!›, hatta ssu mir jesacht. Det weeß ick noch.»

ERSTER: «Oda er is' in Königs Wusterhausen beim Pilzesuchen valor'n jegang'.»

DRITTER *(immer noch hört keiner auf ihn)*: «‹Ick brauche jar nich' mehr arbeiten jeh'n, et hat keen Sinn mehr›, hatta jesacht. ‹So ville Schulden, da komm' ick nie mehr runta.›»

ZWEITER: «Hatte der nich'n Bruder in Westdeutschland, wo er ab und ssu hin is?»

WIRTIN: «Ja, aba der is' nu' schon lange dot.»

ERSTER: «Vielleicht issa mal ssu dem sein' Grab jefahrn.»

DRITTER *(hier hört man ihm anscheinend grundsätzlich nicht zu)*: «‹Na, wieso haste denn solche Schulden?›, ha'ck ihn jefracht. Aba det hatta mir nich' jesacht. Nur detta solche Schulden hat.»

*Pause. Alle trinken.*

ERSTER *(seufzend)*: «Na ja, so lange issa ja ooch noch nich' weg.»

Dann bezahlst du deinen Kaffee und gehst und denkst, irgendwie bist du vielleicht der Einzige hier, der sich ernsthaft und besorgt fragt:

*«Wo, um Himmels willen, ist Bernd?»*

## Der dicke Mann

Der dicke Mann – den werd' ich nicht mehr los. Ich kenn' ihn nicht, ich weiß nicht, wie er heißt. Aber: Der rührt mich an. Ist er nicht wunderbar, wie er so schwebt? Erinnert er nicht an das ganze Land? Wie es so schwer ist und so ungeschlacht bisweilen, und wie es doch gern leicht wäre und was Schwebendes hätte, etwas Italienisches. Diese unerfüllte Sehnsucht. Man stellt sich vor, der liebe Gott habe einen dicken Mann gemacht, in einen Eisensitz gesetzt und lasse ihn nun an seiner Hand, der Hand Gottes (über dem oberen Bildrand, leider nicht mehr zu sehen), hoch über der Welt schweben. Das freut den Dicken. Bald wird er da sein, stelle ich mir vor, aussteigen wird er, neben einem Liftwärterhäuschen stehen und strahlen. Dann wird er sagen: «Toll! Wie viel PS hat denn Ihr Motor?»

# Dank

Ich danke der Redaktion des *Süddeutsche Zeitung Magazins*, in dem einige der Texte dieses Buchs zuerst erschienen sind. Ich danke Markus Rasp, der bei der Bildauswahl unersetzlich war. Ich danke der *Süddeutschen Zeitung*: Während jener Jahre, in denen ich der Redaktion angehörte, habe ich bei Reportagereisen den einen oder anderen der Menschen kennen gelernt, die in diesem Buch vorkommen. Und ich danke all jenen, die bereit waren, mit mir zu reden und sich beschreiben zu lassen. Die meisten von ihnen treten unter ihren wirklichen Namen auf, viele sind auf Fotos abgebildet. In sehr wenigen Texten habe ich im Interesse der Interviewten Namen und Orte verändert. Und nur einen einzigen Menschen im Buch habe ich erfunden: Harry.

## Die Fotografen

Stephen Wilks: S. 9
Markus Schädel: S. 16, 21, 26, 57, 88, 93, 98, 120
Rita Malaschewski: S. 29
Dirk Reinartz / Visum: S. 31
Christian Stoll: S. 33
Regina Recht: S. 34
M. Neugebauer / ZEFA: S. 45
Olaf Unverzart: S. 64 und Cover
Jordi Schlösser / Ostkreuz: S. 63
Myrzik + Jarisch: S. 102
Rainer Wohlfahrt / Frankfurter Allgemeine Zeitung (23.3.02): S. 108
Nick di Camillo: S. 114, 115, 118
Jürgen M Pietsch: S. 125, 129
Axel Hacke: S. 134, 179
Goggi Strauss: S. 136
ddp: S. 144
Manfred Willmann: S. 148
C. H. Meyer: S. 152
Ulrich Schrader: S. 161
Gleimhaus Halberstadt: S. 164, 166
Wolfgang Weber: S. 173
Konrad Müller: S. 194
Frank Eydner: S. 204, 207, 211, 213
Claudio Hils: S. 218